Bauernküche

Altes Wissen und
traditionelle Rezepte vom Land

Dankeschön an:

Unsere Familie und Freunde, die uns bei der Recherche und
Requisite geholfen haben.
Marlis Walter als Bauernmodel
Thea & Mariane Resch und Hermine Angermeier für ihre Backhilfe
Martin Resch als Model und für die Requisite
Vroni Angermeier für Assistenzarbeiten
Urs Frühauf für Dörrbohnnen www.gruenboden.ch

Unser Verlagsprogramm finden Sie unter www.christian-verlag.de

Produktmanagement: Annika Genning
Textredaktion: Dr. Gabriele Kalmbach
Layout: Angela May Grafikdesign & Buchgestaltung, Mettmann
Umschlaggestaltung: Caroline Daphne Georgiadis, Daphne Design

Fotografie & Rezepte: Tanja und Harry Bischof, Studio L'Eveque, Hoisberg
www.studio-leveque.de
Herstellung: Bettina Schippel
Repro: Repro Ludwig, Zell am See

Druck und Bindung: Livonia Print
Printed in Riga, Latvia

Die Deutsche Nationalbibliothek verzeichnet diese Publikation in der
Deutschen Nationalbibliografie; detaillierte bibliografische Daten sind im Internet
über http://dnb.d-nb.de abrufbar.

© 2012, Christian Verlag GmbH, München
1. Auflage 2012
Alle Rechte vorbehalten.

ISBN 978-3-86244-128-0

Alle Angaben in diesem Werk wurden sorgfältig recherchiert und auf den
aktuellen Stand gebracht sowie vom Verlag geprüft. Für die Richtigkeit der Angaben
kann jedoch keinerlei Haftung übernommen werden. Für Hinweise und Anregungen
sind wir jederzeit dankbar. Bitte richten Sie diese an:

Christian Verlag
Postfach 400209
80702 München
E-Mail: lektorat@verlagshaus.de

Tanja und Harry Bischof

Bauernküche

Altes Wissen und
traditionelle Rezepte vom Land

CHRISTIAN

Inhalt

Frühling 8

Rezepte mit fast vergessenen Zutaten wie Hopfensprossen, Kuttelfleck, Ochsenzunge, Rhabarber, Sauerampfer, Vogelbeeren und Weißen Rübchen

Wissenswertes über Bauerngärten, Kräuter, Festtagsgerichte, Waldfrüchte

Alte Techniken von Brot und Waffeln backen bis Räuchern

Süße Mehlspeisen und traditionelles Schmalzgebäck

Sommer 60

Köstliches aus fast vergessenen Zutaten wie Dicke Bohnen, Graupen, Grieß, Holunderblüten, Innereien, Kornelkirschen, Lindenkapern, Meerrettich

Alte Techniken von Einkochen und Entsaften bis Kalträuchern und Pökeln

Überlieferte Zubereitungen wie Nudelteig, Sülze, Schwarze Nüsse und Einlegen in Essig

Grundrezepte für Hühnersuppe, Heringssalat, Eierspeisen und Obstkuchen

Herbst   108

Rezepte mit fast vergessenen Zutaten wie Esskastanien, Gänseklein, Holunder, Ochsenschwanz, Quitten, Schwarzwurzeln, Steckrüben

Überlieferte Zubereitungen von Hefeteig, Kartoffelklößen, Sauerkraut, Semmelknödeln, Spundekäs

Altes Wissen vom Einmachen und Schlachten

Alltagsspeisen und Sonntagsbraten

Winter   158

Köstliches aus fast vergessenen Zutaten wie Anis und Mispeln

Alte Techniken wie das Trocknen von Obst und Hülsenfrüchten, die Herstellung von Grützwurst und das Buttern

Rezepte mit Brot und traditionelles Weihnachtsgebäck

Vorwort

Die echte Bauernküche, wie wir sie heute (wieder) lieben, ist von einfachen und bodenständigen Gerichten geprägt, die sich ohne viel Aufwand zubereiten lassen. Exotische Gewürze und Zutaten sind der bäuerlichen Küche fremd – auf den Feldern wachsen Kartoffeln, Rüben, Kohl und Getreide, im Garten Kräuter, Gemüse, Beerenobst und Nüsse. Im täglichen Leben waren die Gerichte eher bescheiden, doch die Landfrauen wussten ihre Produkte schmackhaft zuzubereiten und fantasievoll zu kombinieren.

Handfest und deftig musste sein, was auf den Tisch kam, denn wer sich bei der Feldarbeit verausgabte, brachte einen gesunden Hunger mit. Fleisch dagegen kam auf dem Land nur zu den Schlachtfesten und an Festtagen auf den Tisch. Große Teile vom frisch geschlachteten Schwein wurden zu Wurst verarbeitet und eingepökelt, denn für den Winter sollte die Vorratskammer gut gefüllt sein. Auch Sauerkraut, eingemachtes Obst und Gemüse halfen über die kalte Jahreszeit.

Die von Tanja und Harry Bischof liebevoll zusammengetragenen Rezepte aus allen Landstrichen Deutschlands sprechen von altem Wissen um Brauchtümer und von (fast) vergessenen Genüssen. Heute erleben Bauernmärkte mit ihren heimischen Produkten eine Renaissance, weil frisch Geerntetes dort in besserer Qualität angeboten wird als die importierte, über lange Wege transportiere Ware im Supermarkt. Der Schatz alter Rezepte wurde behutsam modernisiert und auf heutige Ernährungsbedürfnisse und Essgewohnheiten abgestimmt.

Freuen Sie sich auf rund 100 Gerichte vom Land – auf Speckwaffeln und Buchweizenklößchen, selbst geräucherte Forelle und Holundersuppe, Johannisbeerkuchen und Walderdbeerkonfitüre!

Frühjahr

Das erste frische Grün sprießt nach den Wintermonaten. Als letzte Wintergemüse können noch Feldsalat, Grünkohl und Rosenkohl geerntet werden, Rhabarber, Kohlrabi, Rettich und Radieschen sind die Frühlingsboten. Die Geburt der Jungtiere steht ins Haus ...

Das Bauernleben im Frühjahr

Gründonnerstag

Einer der bekanntesten Gründonnerstagsbräuche ist die Zubereitung einer grünen Fastenspeise. Beliebt in Bayern, aber auch in Nord- und Ostdeutschland ist eine Kräutersuppe aus Kerbel oder Sauerampfer, in Hessen wird traditionell die Grüne Soße aus vielen verschiedenen Kräutern zubereitet.

März – April – Mai

Gleich nach dem ersten Tauwetter beginnt wieder die Arbeit auf Acker und Feld: Schäden an Haus, Stall, Scheune, Wegen und Zäunen sind auszubessern, Wassergräben zu reinigen. Im Bauerngarten werden Mulchschichten entfernt, der Boden gelockert und die Beete vorbereitet. Wiesen und Äcker brauchen Dünger, und bald beginnt schon die Aussaat: auf den Feldern Hafer und Gerste zuerst, zuletzt die Kartoffeln, im Bauerngarten am Haus Kräuter und Gemüse. Wer im Herbst noch Gründünger ausgesät hat, pflügt diesen jetzt unter.

Im Mai kommen die Bohnen in den Boden, Rüben und Kohlpflanzen werden gesetzt. Nach den Eisheiligen, den letzten kalten Tagen, gedeihen endlich auch alle frostempfindlichen Pflanzen wie Tomaten, Gurken und Kürbisse im Bauerngarten.

Ostern, Tanz in den Mai, Pfingsten

Nach den Faschingstagen beginnt am Aschermittwoch die 40-tägige Fastenzeit, mit dem Karfreitag endet sie wieder. Vor Beginn wird noch einmal ausgelassen gefeiert – deftiges Essen inklusive. Das Osterfest begeht man öffentlich mit Kirchgang und Prozessionen, zu Hause werden für die Feiertage die traditionellen Osterspeisen zubereitet. Andere Bräuche wie die Osterfeuer gehen noch auf heidnische Sonnenkulte und Frühlingsfeste zurück. Mit dem Aufstellen des Maibaums am Vorabend begann der neue Monat, der 1. Mai selbst klingt im Maitanz aus. Auch Pfingstbräuche gibt es in vielen Regionen – vom Pfingstbaumpflanzen in der Lüneburger Heide über das Schmücken der Pfingstochsen in Mecklenburg bis zum Austreiben der bösen Geister in der Nacht zum Pfingstmontag oder dem Schabernack des Pfingststehlens.

Hopfensprossen-Omelette

Dieses Frühlingsrezept stammt aus Franken, wo viel Hopfen angebaut wird. In der fränkischen Küche bereitet man Hopfensprossen auch als Gemüse oder Salat zu. Schon im Mittelalter schätzte Hildegard von Bingen sie als Heilmittel.

Für 2 Personen

4	Eier
125 ml	Milch
	Salz, Pfeffer aus der Mühle
½ Bund	Schnittlauch
200 g	Hopfensprossen
1	Zwiebel
2 EL	Butter

Eier mit der Milch schaumig schlagen, mit Salz und Pfeffer würzen. Schnittlauch in feine Röllchen schneiden. Hopfensprossen waschen, wenn nötig, auf etwa drei Zentimeter Länge kürzen.
In einem Topf Salzwasser zum Kochen bringen und darin die Sprossen kurz blanchieren, sodass sie gar sind, aber noch Biss haben.
Zwiebel schälen und fein hacken. In einer Pfanne mit heißer Butter die Zwiebelwürfel glasig anbraten, Hopfensprossen kurz mit anschwitzen und das verquirlte Ei darübergeben. Die Eiermasse als Omelette ausbacken, mit Schnittlauch bestreuen und heiß servieren.

Hopfen gehört zu den Hanfpflanzen. Der Großteil der Ernte landet im Bier. Hopfensprossen, (Hopfenspargel) sind nur etwa zwei bis drei Wochen im Jahr erhältlich, etwa Mitte März bis Anfang April. Weil die Ernte mühselig und zeitaufwendig ist, sind die unterirdisch wachsenden Triebe heute eine rare Spezialität. Einst Armeleutegericht, macht das zarte Gemüse neuerdings unter Feinschmeckern und ambitionierten Küchenchefs ungeahnte Karriere.

Kopfsalat mit Speck und Ei

Für 4 Personen

1	großer Kopfsalat
2 EL	Essig
3 EL	Sonnenblumenöl
	Salz, Pfeffer aus der Mühle
1 TL	Zucker (oder Honig)
½ TL	mittelscharfer Senf
3	Eier
1 Bund	Dill
2 EL	Mineralwasser
100 g	durchwachsener Speck, in dünnen Scheiben

Alte Salatsorten aus dem Bauerngarten sehen anders aus als moderne, schnell wachsende und transportfähige Einheitsköpfe. Manche sind kunterbunt, andere bilden nicht mal einen Kopf aus – dem Geschmack von Trotzkopf, Hohlblättriger Butter oder Rotfleckigem Kopflattich tut das keinen Abbruch, im Gegenteil.

Den Salatstrunk sowie äußere Blätter entfernen. Alle Blätter unter fließendem Wasser waschen, klein rupfen und trocken schleudern. In einer Salatschüssel Essig, Öl, Salz, Pfeffer, Zucker und Senf mischen. Die Eier in kochendem Wasser 9 Minuten kochen, abschrecken, pellen. Ein Ei fein hacken und die restlichen halbieren. Dill fein hacken und mit dem Mineralwasser und dem gehackten Ei in die Soße rühren.
Speck in einer Pfanne ohne Fett goldgelb braten. Salatblätter in die Schüssel mit der Soße geben und vor dem Servieren mischen. Mit dem Speck und den restlichen Eiern anrichten, dabei mit Kapuzinerkresse garnieren.

 Um ein geschütztes und warmes Mikroklima zu gewährleisten, war der Bauerngarten oft von einer Hecke oder Mauer umgeben. Die größeren Beete nutzte man zum Anbau von Gemüse, daneben gab es Sträucher mit Beerenfrüchten und Pflanzreihen mit Zwiebeln, Lauch, Kräutern und Salat für den täglichen Bedarf.

Tellerfleisch

In vielen Regionen kommt das mit Essig versetzte, wunderbar zarte und mürbe Suppenfleisch als Saures Rindfleisch heiß auf den Tisch. Als Rindfleischsalat schmeckt es auch lauwarm oder kalt und kann gleich zusammen mit einem Tafelspitz oder anderem gekochtem Rindfleisch eingeplant werden.

Das gekochte Rindfleisch auf einer Platte anrichten. Zwiebel schälen, in feine Scheiben schneiden und über das Rindfleisch geben. Essig, Öl und Mineralwasser verrühren, mit Salz und Pfeffer abschmecken.
Das Tellerfleisch mit der Soße übergießen und alles mit fein geschnittenem Schnittlauch bestreut servieren.

Für 4 Personen

12	dünne Scheiben gekochtes Rindfleisch
1	rote Zwiebel
2 EL	Essig
4 EL	Öl
125 ml	Mineralwasser
½ Bund	Schnittlauch, in feine Röllchen geschnitten
	Salz, Pfeffer aus der Mühle

Kein Essen wurde jemals weggeworfen, alles verwertet. Auch wenn mal etwas übrig blieb, gab es dafür in der Bauernküche mehr als ein Rezept, egal ob Brot-, Kartoffel- und Gemüsereste oder Fleisch vom Sonntagsbraten. Oft bereitete die Bauersfrau auch extra viel zu, denn ein Rindfleischsalat war alles andere als ein ärmliches Resteessen. Rückblickend wirkt das bäuerliche Haushalten – nur einmal Fleisch für zwei Gerichte im großen Suppentopf aufzusetzen – ausgesprochen fortschrittlich.

Sauerampfergemüse

Das sahnige Püree bringt erste Frühlingsaromen und eine erfrischend milde Säure auf den Teller. Dazu passen hart gekochte Eier und Salzkartoffeln, die direkt vor dem Servieren mit dem Sauerampfer vermengt werden. Dieses Frühlingsgericht kann hervorragend mit überzähligen Ostereiern zubereitet werden.

Den Sauerampfer verlesen, gründlich waschen und in kochendem Salzwasser 15 Minuten weich kochen.
Anschließend durch einen Sieb passieren, Brühe und Salz zugeben und noch einmal aufkochen. Mit der sauren Sahne abbinden.
Den Topf vom Herd nehmen und die Butter im Gemüse zerlassen, zwei Eigelb einrühren, aber nicht mehr kochen. Mit einer Prise Zucker abschmecken.

Für 4 Personen

500 g	Sauerampfer
125 ml	Gemüsebrühe
	Salz
250 ml	saure Sahne
2 EL	Butter
2	Eigelb
	Zucker
8	Eier, hart gekocht
750 g	Kartoffeln

Der Vitamin-C-reiche Sauerampfer, unverzichtbarer Bestandteil der Frankfurter Grünen Soße, wird dort auch in Gärtnereien gezogen, ansonsten wächst er wild auf Wiesen und an Wegrändern. Fein gehackt eignet er sich nicht nur als delikates Gemüse oder Suppengrundlage, sondern verleiht auch Kartoffeln oder Linsen säuerliche Würze. Bei den Bauern und in Klöstern waren Heilkraft und gesundheitsfördernde Eigenschaften vieler Wildpflanzen wie Sauerampfer schon seit Jahrhunderten bekannt. Auch Rezepte mit Giersch, Brennnessel, Bärlauch oder Löwenzahn stammen aus Zeiten, als der Speisezettel mit allem, was die Natur gerade hergab, aufgebessert wurde.

Geräucherte Forelle

Besonders Forellen eignen sich gut dafür, das Räuchern auch mal selbst auszuprobieren – zudem dauert es gar nicht lange. Zur frisch geräucherten Delikatesse passen Kartoffelsalat, geriebener Meerrettich und ein gut gekühltes Bier.

Für 4 Personen

4	Bachforellen (ca. 300–400 g)
150 g	Salz
	Pfefferkörner
	Wacholderbeeren

Die möglichst frischen Forellen gründlich waschen. Das Salz mit anderthalb Liter Wasser verrühren, sodass eine Salzlake entsteht, und die Forellen darin mindestens 12 und bis zu 24 Stunden marinieren.

Etwa 1 Stunde vor dem Essen die Fische aus der Salzlake nehmen, mit Küchenpapier innen und außen gut abtupfen, innen mit gestoßenem Pfeffer und Wacholder einreiben, mit Fischhaken (Forellenspieß) in den Räucherofen hängen.

Den Räucherofen auf 80 °C erwärmen, nach 30–40 Minuten Garprobe durchführen. Der Fisch ist fertig, wenn das Fischfleisch schön weiß ist, die Haut sich gut davon löst und die Flossen leicht herausgezogen werden können.

Von jeher wurden Renken, Felchen, Brachsen, Karpfen, Schleien und viele andere Fische auch gern geräuchert – die Klassiker sind Aal, Forelle und Makrele. Beim Kalträuchern werden zuvor eingesalzene Fische, aber auch Wurst und Schinken über Holzkohlenfeuer bei 15–25 °C geräuchert, um sie haltbarer zu machen. Das Heißräuchern von rohem Fisch dagegen erhöht das Aroma, und das Ergebnis ist zum baldigen Verzehr gedacht. Wichtig beim Heißräuchern ist, dass die Temperatur konstant bei 80 °C gehalten wird – nicht mehr und nicht weniger!

Erbsensuppe

Die samtig-milde Erbsensuppe ist dank mitgekochter Schinkenknochen und Speck so richtig würzig. Mit gerösteten Brotwürfeln wird sie zur sättigenden Mahlzeit.

Erbsen über Nacht in einem Liter Wasser einweichen. Am nächsten Tag den Speck in kleine Würfel schneiden und in einem großen Kochtopf auslassen. Die Zwiebel schälen und würfeln, zugeben und glasig werden lassen. Die Erbsen mitsamt dem Einweichwasser, Speckschwarte und Schinkenknochen zugeben. Die Kartoffeln schälen und in kleine Würfelchen schneiden. In die Suppe geben, Majoran und Lorbeer zufügen und etwa 45 Minuten kochen.
Speckschwarte und Schinkenknochen aus der Suppe nehmen; alle Fleischreste vom Knochen lösen und klein schneiden. Die Hälfte der Erbsensuppe herausschöpfen und durch ein feines Sieb wieder in die Suppe passieren. Fleischteile des Schinkenknochens zufügen. Das Brot würfeln und in Butter goldbraun rösten, salzen und die Suppe damit servieren.

Für 4 Personen

200 g	grüne Trockenerbsen
150 g	durchwachsener Speck
1	Zwiebel
1 Stück	Speckschwarte
1	Schinkenknochen
3	kleine Kartoffeln
1 Zweig	Majoran
1	Lorbeerblatt
	Salz, Pfeffer aus der Mühle
1 Scheibe	Bauernbrot
1 EL	Butter

Erbsen gehören zu den ältesten Kulturpflanzen der Welt. Einer Bauernregel nach sollen sie bei abnehmendem Mond gesät werden; ihre Erntezeit reicht von Juni bis September. Wie andere Hülsenfrüchte auch können Erbsen gut für den Wintervorrat getrocknet werden. Dank wertvoller Proteine und Mineralstoffe sind sie richtig gesund und dank ihrer Ballaststoffe machen sie auch richtig satt.

Bauernbrot

Frisches, noch ofenwarmes Brot nur mit Butter schmeckt himmlisch. Für ein selbst gebackenes Roggenbrot braucht man nur Mehl, Sauerteig, Salz und Wasser – etwas Rübensirup gibt Farbe.

Für 1 runde Brotform
von 24 cm Durchmesser

500 g	Roggenmehl (Type 1370)
100 g	Roggensauerteig
1 TL	Salz
1	Packung Trockenhefe
2 EL	Rübensirup
2 EL	Öl
	Mehl zum Arbeiten

Das Mehl mit dem Sauerteig, Salz und der Hefe mischen. Mit Rübensirup, Öl und 350 Milliliter lauwarmem Wasser 10 Minuten kneten. Klebt der Teig an den Händen, etwas Mehl dazugeben, ist er zu fest, noch etwas lauwarmes Wasser hinzufügen.
Eine Schüssel mit Mehl ausstauben. Den Teig zur Kugel formen und zugedeckt in der Schüssel an einem warmen Ort 1 Stunde gehen lassen. Die Brotform mit Mehl ausstreuen. Den Teig kurz durchkneten und in die Form setzen. Zugedeckt an einem warmen Ort noch 1 Stunde gehen lassen. Den Backofen auf 200 °C vorheizen und ein kleines feuerfestes Gefäß mit Wasser hineinstellen. Den Teig auf ein mit Mehl bestaubtes Blech stürzen. Das Brot 40–45 Minuten backen (mittlere Schiene).

Brot hat in der Bauernküche einen hohen Stellenwert: Man isst es zur Arbeitspause, am besten mit einem Stück selbstgemachten Käse, und abends, verwendet es für Suppen, Klöße oder Süßspeisen am Mittag. Den Teig stellte die Bauersfrau selbst her und brachte ihn zum Dorfbäcker oder zum Backhaus, für das die Backzeiten verlost oder zugeteilt wurden. Frisches Brot gab es nur in größeren Abständen, im Winter alle vierzehn Tage, im Sommer häufiger, weil es dann schneller schimmelte. Die Brotlaibe hielten sich im kühlen Keller, wo es möglichst feucht war, oder im Tontopf, der in den Brunnen gehängt wurde.

Kräuterquark

In jeder Region Deutschlands ist angemachter Quark beliebt: Als Bibbeleskäs und Luckeleskäs kennt man ihn in Schwaben und Baden, als Matz und Glumse wird er in Ost- und Mitteldeutschland bezeichnet, und in Bayern heißt er schon Topfen wie in Österreich. Mit Leinöl angemacht und zu Pellkartoffeln – mit oder ohne Kümmel – serviert ist das Gericht ein Klassiker aus dem Spreewald.

Für 4 Personen	
500 g	Magerquark
125 ml	saure Sahne
3 EL	Leinöl
2	Zwiebeln
2	Essiggurken
	Salz, Pfeffer aus der Mühle
1 TL	Zucker
1 EL	Senf
1 Bund	gemischte Kräuter: Petersilie, Schnittlauch, Dill, Kerbel, Pimpernelle Blüten als Garnitur: Veilchen, Gänseblümchen

Den Quark mit der Sahne geschmeidig rühren, mit Leinöl vermischen.
Zwiebeln schälen und fein hacken, Essiggurken würfeln und zum Quark geben. Mit Salz, Pfeffer, Zucker und Senf abschmecken. Zum Schluss reichlich gehackte Kräuter untermengen und mit Blüten dekorieren.

Eine alte Bauernregel besagt, dass die beste Erntezeit für Kräuter der späte Vormittag ist, wenn der Tau schon getrocknet ist, aber noch vor der Mittagshitze, und die Pflanzen in vollem Saft stehen. Das gilt aber nur, wenn man die Kräuter trocknen möchte. Für die frische Verwendung sollten sie unmittelbar vor der Zubereitung des Essens gepflückt werden.

Maibock

Für 4 Personen

Maibock:

800 g	Rehschulter und Nacken ohne Knochen, gemischt
	Salz
2	Schalotten
1	Zwiebel
1	Karotte
5 Stängel	Petersilie
1 Zweig	Thymian
1	Lorbeerblatt
1 Prise	Pfeffer aus der Mühle
300 ml	Weißwein
4 EL	Essig
2 EL	Butter
1 EL	Mehl
2	Knoblauchzehen
1 l	Rotwein
	Pfeffer aus der Mühle
150 g	durchwachsener Speck

Wildgerichte gehören zu den Spezialitäten der deutschen Küche. Weil Wildschein, Reh und Hirsch dennoch eher selten auf den Tisch kommen, ist ein Rehgulasch etwas ganz Besonderes. Eigentlich ist im Winter Jagdsaison, als Maibock ist Reh aber auch im Frühsommer zu bekommen. Zum Rehgulasch passen Kartoffelklöße oder Spätzle.

Die Rehstücke in einen Bräter legen und mit etwas Salz bestreuen. Schalotten, Zwiebel und die Karotte schälen, in Spalten schneiden und zum Fleisch geben. Petersilie, Thymian und Lorbeerblatt dazulegen, mit Weißwein und Essig begießen. Das Rehfleisch 1 Tag marinieren, ab und zu in der Marinade wenden. Das Reh aus der Marinade nehmen und in große Fleischstücke schneiden. Marinade in ein Sieb geben und abtropfen lassen, die Flüssigkeit für die Soße aufheben. Fleisch mit Pfeffer und Salz würzen.
In einem Bräter die Butter erhitzen und das Fleisch von allen Seiten anbraten. Knoblauch schälen, in Scheiben schneiden und mit dem abgetropften Gemüse in den Bräter geben. Alles mit anbraten, mit Mehl bestauben, mit dem Rotwein und der Marinade aufgießen. Bei kleiner Hitze 1 Stunde köcheln lassen. Mit Salz und Pfeffer abschmecken. Speck in einer Pfanne ohne Öl auslassen und zum Schluss, wenn das Fleisch weich ist, in die Soße geben.

Für die Vogelbeerkonfitüre Zucker mit 125 Milliliter Wasser etwa 5 Minuten kochen. Reife abgezupfte Vogelbeeren waschen und mit in den Topf geben. Einmal aufkochen lassen und 24 Stunden stehen lassen. 4 Tage lang den überschüssigen Zuckersaft jeweils abgießen, aufkochen und ihn wieder über die Beeren gießen. Die ersten beide Male heiß übergießen, die nächsten beiden Male kalt übergießen. Aufkochen, heiß in sterilisierte Gläser füllen und verschließen.

Dass Vogelbeeren giftig sind, ist ein Aberglaube, der sich hartnäckig hält. Die roten Früchte der Eberesche sind jedoch nur roh sehr bitter und wegen der enthaltenen Parasorbinsäure ungenießbar, gekocht oder tiefgefroren kann sie der Mensch durchaus gut vertragen. Die Konfitüre sollte im Herbst eingemacht werden, wenn die Beeren reif sind.

Vogelbeerkonfitüre:
500 g tiefgefrorene Vogelbeeren
500 g Zucker

Kuttelflecke süßsauer

Die Spezialität aus dem Erzgebirge bekommt durch die Beigabe von Zucker und Essig eine süßsaure Note. In manchen Gegenden werden auch noch gehackte Mandeln und einige eingeweichte Rosinen an das Gericht gegeben.

Für 4 Personen

1 kg	Kutteln
250 g	Wurzelgemüse
500 g	Kartoffeln
3	Zwiebeln
100 g	fetter Speck
2 EL	Mehl
	Salz, Pfeffer aus der Mühle
	Zucker
	Essig
	Majoran
2	Salz- oder Gewürzgurken
1 Bund	Petersilie oder Selleriegrün

Die Kutteln gut säubern und waschen, mit Wasser bedecken und etwa 10 Minuten kochen. Das Wasser abgießen und die Kutteln mit frischem Wasser weitere 2 Stunden garen, bis sie weich sind. Gemüse und Kartoffeln schälen, putzen und klein würfeln. Nach 90 Minuten Kochzeit die Kutteln herausnehmen und in drei Zentimeter lange und ein Zentimeter breite Streifen schneiden und mit dem Gemüse in die Brühe geben. Das Ganze nochmals 30 Minuten garen.

Zwiebeln schälen und wie den Speck fein würfeln. Beides in einem großen Topf anschwitzen, Mehl dazufügen und unter ständigem Rühren braun rösten. Die Mehlschwitze mit der Gemüse-Fleckbrühe ablöschen, sodass eine sämige Soße entsteht. Mit Majoran, etwas Zucker, Essig und Salz sehr pikant abschmecken. Die Gurken fein würfeln und den heißen Fleck mit gehackter Petersilie oder Selleriegrün bestreut servieren.

Kutteln, auch Fetzen, Flecken, Kaldaunen oder Pansen genannt, sind klein geschnittene Teile des Vormagens vom Schaf oder Rind, die vom Metzger schon so gereinigt und vorgekocht sind, dass sie sich für die Zubereitung von Sauren Kutteln oder Kuttelsuppe eignen. Traditionelle Rezepte für Kutteln findet man vorwiegend in Süddeutschland und Sachsen.

Ochsenzunge mit Kräutersoße

Im Mai haben die Kräuter für dieses Frühlingsgericht die beste Qualität. Traditionell isst man die Grüne Soße am Gründonnerstag. Ob der schon seit dem Mittelalter volkstümliche Name auf den Brauch zurückgeht, an diesem Tag Grünes zu genießen oder doch auf die öffentlichen Büßer, die Grünen, steht allerdings nicht fest.

Für 4 Personen

1 kg	Ochsenzunge
1 Bund	Suppengemüse
1	Nelke
3	Wacholderbeeren
750 ml	Fleischbrühe
	Salz, Pfeffer aus der Mühle
2	hart gekochte Eier
1	Eigelb
1 TL	scharfer Senf
125 ml	Öl
125 ml	Sauerrahm
	Zitronensaft
1	Gewürzgurke
10	Kapern
1	kleine Zwiebel
1 Bund	gemischte Kräuter: Petersilie, Schnittlauch,

Die frische Zunge waschen, vorher den Schlund abschneiden. Wurzelgemüse waschen und in drei Zentimeter große Stücke schneiden.
Das geputzte Wurzelwerk und die Gewürze in einen großen Topf geben. Zunge auf das Gemüse legen und Brühe dazugießen.
Mit Salz und Pfeffer würzen und die Zunge 45 Minuten mit geschlossenem Deckel gar dünsten.
Zunge herausnehmen, häuten und in dünne Scheiben schneiden.
Für die Kräutersoße die hart gekochten Eier pellen und fein hacken. Eigelb und Senf in eine Schüssel geben und tröpfchenweise das Öl mit einem Schneebesen einrühren, sodass eine cremige Konsistenz entsteht. Mit Sauerrahm mischen, mit Zitronensaft, Salz und Pfeffer würzen. Gurke fein würfeln und Kapern hacken. Die Zwiebel schälen und fein würfeln. Kräuter waschen und fein hacken. Alle Zutaten sowie die gehackten Eier unter die Soße rühren und zu der Zunge servieren. Dazu gekochte Kartoffeln reichen.

Dill, Borretsch, Kerbel, Pimpernelle, Kresse

🌼 In der Zeit der Traktoren und Landmaschinen vergisst man leicht, dass Rinder, Kühe und Ochsen früher nicht ausschließlich zum Milchgeben und zur Fleischproduktion gehalten wurden. Als Arbeitstiere mussten sie Fuhrwerke und Pflüge ziehen – Ochsen waren als »Zugmaschinen« noch kräftiger als Pferde, allerdings auch langsamer und wurden deshab vorwiegend auf dem Feld eingesetzt. Für größere Entfernungen oder schwere Holztransporte benötigte man allerdings ein Pferdegespann.

Weiße Rüben mit Hammelfleisch

Weiße Mairübchen gehören mit Abstand zu den zartesten und feinsten in der großen Rübenfamilie. Sie passen nicht nur in den deftigen Hammeleintopf, sondern gedünstet oder glasiert auch gut als Beilage zu Entenbrust, Schweine-, Gänse- oder Hackbraten. Wie ihr Name verrät, sind sie nur im Mai und Juni im Handel.

Für 4 Personen	
600 g	Hammelfleisch
	Salz, Pfeffer aus der Mühle
2 EL	Schweineschmalz
1	Lorbeerblatt
1	Nelke
4	Wacholderbeeren
½	unbehandelte Zitrone, Abrieb
500 ml	Fleischbrühe
250 g	weiße Rüben

Hammelfleisch waschen, in grobe Würfel schneiden, salzen und pfeffern. In einem heißen Topf mit etwas Fett von allen Seiten anbraten, bis das Fleisch Farbe bekommt. Lorbeerblatt, Nelke, zerdrückte Wacholderbeeren und abgeriebene Zitronenschale zugeben, mit Fleischbrühe ablöschen und 30 Minuten auf kleiner Flamme leise kochen lassen.
Rüben schälen und in Scheiben oder Spalten schneiden. Rüben zum Hammelfleisch geben und weitere 15 Minuten weich schmoren. Mit Salz und Pfeffer abschmecken.

Bekannteste unter den vielen Speiserüben sind neben den kleinen, kugeligen Mairüben die Teltower Rübchen, die auf dem Sandboden der Mark Brandenburg, rund um Teltow, angebaut werden. Seit einiger Zeit entdeckt die deutsche Regionalküche das fast vergessene Gemüse als Delikatesse wieder – in der Bauernküche spielten Rüben immer eine große Rolle, weil sie trocken, kühl und lichtgeschützt mehrere Monate gelagert werden können.

Kartoffeln mit Öltunke und Stummelwurst

Zu den Kartoffeln mit dem gesunden und aromatischen Leinöl passen süßsaure Gurken und Nordhäuser Weizenbrand. In Hessen und Thüringen gibt es die mit Kümmel oder Knoblauch gewürzten, luftgetrockneten Mettwürste meist als Stracke, also gerade Würste, oder in einer runden, zum Ring gebogenen Ausführung.

Die Kartoffeln waschen, in einen Topf geben. Mit Wasser bedecken und etwa 20 Minuten kochen.
In der Zwischenzeit die Zwiebeln schälen und in kleine Würfel schneiden. In einem kleinen Topf die Butter erhitzen und die Zwiebelstücke darin goldbraun garen.
Währenddessen die Mettwurst in einem Topf mit siedendem Wasser erwärmen, jedoch nicht kochen. Das Kartoffelwasser abschütten und die Kartoffeln noch heiß pellen.
Zu den Zwiebeln das Leinöl einrühren. Die Öltunke über die Kartoffeln gießen und mit der Mettwurst servieren.

Für 2 Personen

300 g	festkochende Kartoffeln
2	Zwiebeln
1 EL	Butter
50 ml	Leinöl
1 Ring	Eichsfelder Stracke (Thüringer Mettwurst)

Die Vielfalt an Kartoffelsorten ist groß. Festkochende eignen sich für Salate, Brat- und Salzkartoffeln, vorwiegend festkochende sind universell einsetzbar, aus mehlig kochenden bereitet man Püree, Klöße und Knödel zu. Im Juni kommen die ersten Frühkartoffeln, im Herbst die späten Sorten. Gut zu wissen: Frühkartoffeln müssen nicht unbedingt geschält werden. Da die Schale hauchdünn ist, kann sie gut mitgegessen werden – ohnehin zu empfehlen, da hier viele wertvolle Nährstoffe sitzen.

Osterlammbraten

Für 4 Personen

1,5 kg	Lammkeule
10	Wacholderbeeren
5	Pimentkörner
je 1 Zweig	Salbei, Thymian
1	Lorbeerblatt
	Pfeffer aus der Mühle
1 l	Buttermilch
2 EL	Butterschmalz
	Salz

Ostern darf Lamm auf keiner Festtafel fehlen. Unter Kennern wird das zarte Fleisch der kleinen Heidschnucken, einer besonderen Rasse aus der Lüneburger Heide, besonders geschätzt. Die Keule wird mit Kräutern und Buttermilch mariniert und sanft geschmort; dazu passen Rosenkohl und Salzkartoffeln oder Klöße.

Keule waschen, abtrocknen. Wacholderbeeren und Pimentkörner zerdrücken und mit Salbei, Thymian, Lorbeerblatt und Pfeffer vermischen, dann das Fleisch damit einmassieren. In eine Schüssel legen und nach etwa 2 Stunden so viel Buttermilch zugießen, dass der Braten bedeckt ist. Über Nacht stehen lassen.

Am nächsten Tag herausnehmen, gut abtrocknen und die Marinade aufheben. In einem Bräter das Butterschmalz erhitzen und das Fleisch von allen Seiten anbraten. Karotten schälen und würfeln. Zwiebel schälen und in große Stücke schneiden, beides mit anbraten. Fleisch salzen. Zum Schluss Mehl über das Gemüse stauben, braun rösten und dann mit dem Rotwein ablöschen. Mit etwas Essig würzen. Gut 1 Stunde auf schwacher Hitze zugedeckt schmoren, dabei umdrehen und nach und nach einen Teil der Marinade zugießen.

Fleisch herausnehmen und warm stellen. Nach Belieben die Soße durch ein feines Sieb streichen, eventuell noch etwas einkochen lassen, mit Salz und Pfeffer nachwürzen. Fleisch aufschneiden und mit wenig Soße begießen, restliche Soße extra reichen.

🌼 Im Bauernalltag musste eine Mahlzeit vor allem zur rechten Zeit auf dem Tisch stehen. Die Zubereitung hatte sich den Erfordernissen der Arbeit auf dem Hof unterzuordnen, ob nun Back- oder Waschtag war, die Kühe gemolken oder das Heu noch vor dem Gewitter von der Wiese geholt werden musste. Dass Essen auch ein Ereignis sein konnte, zeigen die Festtagsgerichte der bäuerlichen Tradition.

2	Karotten
1	große Zwiebel
1 EL	Mehl
250 ml	kräftiger Rotwein
1 EL	Essig

Speckwaffeln

Für 4 Personen	
500 g	Roggenmehl
250 g	Weizenschrotmehl
1	Päckchen Backpulver
3	Eier
150 g	Rübensirup
50 g	Zucker
125 g	Schweineschmalz
750 ml	Milch
½ TL	gemahlener Zimt
½ TL	gemahlener Kardamom
¼ TL	gemahlene Aniskörner
	grobe, luftgetrocknete Mettwurst
	Speckschwarte für das Waffeleisen

Speckendicken heißen die rustikalen Waffeln in Ostfriesland. Kräftig gewürzt, dazu luftgetrocknete Mettwurst – ein norddeutscher Klassiker mit Potenzial zum Leibgericht. Heiß schmecken sie am besten; die Waffeln können aber auch kalt gegessen werden. Dazu trinkt man gekühlten Korn und gelegentlich ein Tässchen Tee.

In einer großen Schüssel Roggenmehl und Weizenschrot mit dem Backpulver vermischen. Eier zugeben. Sirup, Zucker und Schmalz mit der Milch in einem Stieltopf verrühren und lau erwärmt zum Teig geben. Mit den Gewürzen gut verkneten. Früher hat man den Teig dann oft tagelang in den Keller gestellt; es genügt aber, wenn man ihn über Nacht ruhen lässt.

Wer ein altertümliches Herzcheneisen besitzt, fettet es mit der Speckschwarte und gibt in die Mitte eines jeden der fünf Herzen eine Scheibe Mettwurst, verteilt darauf den dickflüssigen Teig und backt nacheinander goldgelbe und knusprige Waffeln, solange der Teig reicht.

Früher nahm jede Braut ihr eigenes Waffeleisen mit in die Ehe. Auf alten Exemplaren lässt sich daher oft auch eine eingravierte Zahl finden – das Jahr der Hochzeit. In Sachsen-Anhalt und Brandenburg heißen die Waffeln Klemmkuchen – beim Backen auf offener Flamme wurden die schweren Eisen zusammengeklemmt. Vor allem bei großen Familienfeiern, aber auch zur Fastnacht kommen die traditionellen Waffeleisen nach wie vor zum Einsatz.

Schupfnudeln mit Kräutern

Fingernudeln heißen sie in Bayern, Bubespitzle oder Schupfnudeln in Baden und in Schwaben. Dort isst man sie am liebsten zu Sauerkraut oder auch mal süß als Nachspeise mit Apfelmus. In Baden reicht man noch Schäufele zum Sauerkraut, in anderen Gegenden eher Bratwurst. Mit Kräutern verfeinert werden Schupfnudeln zum köstlichen Hauptgericht.

Für 4 Personen

1 kg	Kartoffeln
1	Ei
1 Bund	gemischte Kräuter
	Salz
	geriebene Muskatnuss
4–6	gehäufte EL Mehl
3 EL	Butterschmalz

Kartoffeln in der Schale kochen. Etwas abkühlen lassen, schälen und reiben oder durchpressen. Mit dem Ei und den fein gehackten Kräutern vermischen und mit Salz und Muskatnuss würzen. So viel Mehl in die Masse rühren und kneten, bis sich ein formbarer Teig bildet.

An beiden Enden spitz zulaufende Rollen formen, die bis zu zwei Zentimeter dick und 8–10 Zentimeter lang sind.

In reichlich siedendem Salzwasser gar ziehen lassen. Kurz nachdem sie an die Oberfläche gekommen sind, mit dem Schaumlöffel herausnehmen und abtropfen lassen. In einer Pfanne in heißem Fett auf beiden Seiten anbraten.

Tipp: Man kann Kartoffelteig auch ohne Vorkochen in Fett braten. Dafür kleine Taler aus dem Teig formen und diese auf beiden Seiten goldbraun braten.

Pfefferfleisch

Pfefferpotthast heißt der Schmortopf in Westfalen und wird dort mit Rindfleisch zubereitet. Beim Münsteraner Töttchen gehörten früher in das Kalbfleischragout auch Innereien. Zum Pfefferfleisch passen Salzkartoffeln und Essiggurken. Der »Pfeffer« im Namen geht vermutlich nicht auf das Gewürz zurück, sondern bezeichnet das klein geschnittene Fleisch.

Kalbsbrust kurz waschen, mit Küchenpapier trocken tupfen und in 2 Zentimeter große Würfel schneiden, mit Salz, reichlich Pfeffer und Paprikapulver würzen.
Zwiebeln schälen und in Ringe schneiden. Die Hälfte der Zwiebeln in einem Topf mit heißem Schmalz geben, darauf das Fleisch schichten und wieder mit Zwiebelringen, Lorbeer, Piment und Nelke belegen. Butter flöckchenweise zufügen und alles mit der Hälfte der Fleischbrühe übergießen.
30 Minuten bei geschlossenem Deckel schmoren und immer wieder mit Brühe übergießen, damit sich eine Soße bilden kann. Zum Schluss mit Zitrone und Kapern abschmecken.

Für 4 Personen

600 g	Kalbsbrust
	Salz, schwarzer Pfeffer aus der Mühle
2 EL	Paprikapulver
1 EL	Schweineschmalz
500 g	mittelgroße Zwiebeln
2	Lorbeerblätter
1 TL	Piment
1	Nelke
1 EL	Butter
250 ml	Fleischbrühe
1	unbehandelte Zitrone, Abrieb
1 EL	Kapern

Das eigene Vieh, gleich ob Schweine, Rinder oder Geflügel, erhielt kein gekauftes Futter, sondern wurde mit selbst angebautem Getreide und Rüben, mit Kleie, die es beim Mahlen des Mehls als Abfallprodukt gab, und mit Molke, Abfallprodukt beim Buttern, gemästet. Auch sämtliche Kartoffel- und Gemüseabfälle wanderten in den Schweinetrog – Kompost gab es früher keinen.

Warmer Aprilregen – großer Erntesegen.

So viel Nebeltage im März, so viel Frosttage im Mai.

März trocken, April nass,
Mai lustig von beiden was,
bringt Korn in den Sack
und Wein ins Fass.

Nasser März und trockener April, kein Kräutlein geraten will.

Nasser April und windiger Mai bringen ein fruchtbar Jahr herbei.

Milchsuppe

Klackerklieben heißt die Milchsuppe mit Einlage in Schleswig-Holstein, Pommersche Klieben- oder Klüternsuppe in Mecklenburg. Verfeinert werden kann dieses ganz einfache Rezept mit etwas Zitronenabrieb oder auch mit geschälten und kurz mitgegarten Birnenstücken, dazu passt Rhabarbergrütze.

Für 4 Personen

Milchsuppe:

150 g	Mehl
3	Eier
1 EL	Zucker
	Salz
1,5 l	Milch

Rhabarberkompott:

750 g	Rhabarber
250 g	Zucker
½	unbehandelte Zitrone
200 ml	Weißwein
1 Stange	Zimt
125 g	Sago

Mehl, Eier, Zucker, Salz und etwas Wasser zu einem dickflüssigen Teig verrühren. Die Milch zum Kochen bringen, den Teig in Fäden langsam einlaufen lassen und bei mäßiger Hitze weiterkochen, bis die kleinen Mehlklößchen zur Oberfläche aufsteigen.
Die Suppe sehr heiß servieren, nach Geschmack noch mit etwas Zucker bestreuen.
Rhabarber abbürsten, nicht schälen und in kleine Stücke schneiden. Rhabarber, Zucker, Zitronensaft sowie ein Stück Zitronenschale in einen Topf geben und mit einem halben Liter Wasser und dem Wein begießen. Zimt und Sago einstreuen, verrühren und das Ganze etwa 20 Minuten lang auf schwacher Hitze köcheln lassen. Die Grütze kalt zu den Klackerklieben servieren.

Gekochte und gezuckerte heiße Milch war auf einem Bauernhof die einfachste Art, eine Mahlzeit herzustellen. Oft gab es solch eine süße Milchsuppe zum Frühstück – indem die heiße Milch einfach über altbackenes Brot gegeben wurde. Mit einer Prise Salz brennt Milchsuppe nicht ganz so leicht an. Außerdem hilft es, den Topf kalt auszuspülen und nicht abzutrocknen, bevor man die Milch darin erhitzt.

Mürbeteiglämmchen

Zum Anbeißen schön sind die Schäfchen aus Mürbeteig. In vielen Familien ist das Backen der Osterlämmchen eine Tradition, an der auch die Kinder teilhaben und schon mithelfen können – beim Abwiegen der Zutaten, Eier aufschlagen oder Ausstechen mit den Schäfchenformen.

Die Zutaten für den Mürbeteig sollten möglichst kalt sein. Das Mehl in Kranzform auf ein Backbrett sieben, in der Mitte den Puderzucker und die Eier vermischen, Salz und Zitronenabrieb dazu und ringsherum die Butter in dünne Scheiben schneiden.
Von außen her das Mehl darunterwirken und alles verkneten.
Teig für 30 Minuten in den Kühlschrank geben.
Mithilfe eines Nudelholzes den Teig fünf Millimeter dick ausrollen und mit einer Lämmmchenform Plätzchen ausstechen. Diese auf ein Blech mit Backpapier legen und im vorgeheizten Backofen 10 Minuten bei 180 °C backen.
Anschließend die Lämmchen herausnehmen und mit Puderzucker bestauben. Nach Belieben auf die noch heißen Plätzchen mit Zuckerperlen ein Auge auf die Schäfchenköpfe setzen.

Für 3 Backbleche

750 g	Mehl
250 g	Puderzucker
3	Eier
1 Prise	Salz
1	unbehandelte Zitrone, Abrieb
500 g	Butter
3	Päckchen Vanillezucker
einige	Zuckerperlen
etwas	Mehl zum Ausrollen

Dampfnudeln in Vanillesoße

Für 4 Personen

Dampfnudeln:

30 g	Hefe
250 ml	Milch
50 g	Zucker
500 g	Mehl
2	Eier
50 g	Butter
1	unbehandelte Zitrone, Abrieb
1	Prise Salz
1 l	Milch
100 g	Zucker
150 g	Butter

Vanillesoße:

250 ml	Milch
1 Stange	Vanille
80 g	Zucker
2	Eigelb
1 TL	Mehl

Als süßes Hauptgericht sind Dampfnudeln in Bayern, Schwaben und in der Pfalz ein Klassiker. Zur süßen Variante gibt es je nach Region Vanillesoße, Weinschaum- oder Mostsoße. Als salzige Variante sind die Hefeklöße eine beliebte Beilage zum Braten.

Hefe und Zucker in die lauwarme Milch geben und verrühren. Das Mehl in eine Schüssel sieben und in die Mitte eine Vertiefung drücken. Die Hefemilch dort hineingießen und 10 Minuten gehen lassen. Dann die Eier, Butter, Zitronenabrieb, Salz zum Vorteig geben und so lange rühren, bis der Teig Blasen wirft. Zugedeckt weitere 30 Minuten gehen lassen.

Inzwischen in einem gut verschließbaren hohen Topf einen Liter Milch mit dem Zucker und der Butter erwärmen, bis alles aufgelöst ist. Aus dem Nudelteig etwa eiergroße Stücke abstechen und nebeneinander in die Milch setzen. Der Deckel wird fest verschlossen und beschwert, damit möglichst kein Dampf entweichen kann. Bei kleiner Hitze etwa 20 Minuten garen.

Für die Vanillesoße Milch mit der längs aufgeschnittenen Vanillestange darin aufkochen. Zucker, Eigelb und Mehl in einem extra Topf schaumig rühren. Die heiße Vanillemilch unter ständigem Rühren langsam einrühren. Vanillesoße fast zum Kochen bringen, gleich vom Herd nehmen und durch ein Sieb seihen.

🌹 Mehlspeisen eigneten sich als schmackhafte Fastenspeise und kamen oft freitags auf den Tisch. Zudem waren sie preiswert – sie erforderten nur wenig teure Zutaten wie Zucker, deshalb gab es sie gerade bei ärmeren Bauern recht häufig. Dampfnudeln aus Hefeteig werden je nach Region in Milch und Butter oder Salzwasser und Fett gegart. Im geschlossenen Topf erhalten sie ihre weiche Konsistenz und den knusprigen Boden, weil sie gleichzeitig braten und kochen – im Gegensatz zu den ähnlichen Germknödeln, Buchteln oder Rohrnudeln, die ohne die goldbraune Kruste aus dem Topf oder Ofen kommen.

Hasenöhrchen

Das rautenförmige Schmalzgebäck ist ein traditionelles Rezept aus Niederbayern. Der Teig wird nicht mit Hefe hergestellt, sondern mit einer ordentlichen Portion saurer Sahne.

Für 4 Personen

250 g	Mehl
250 g	saure Sahne
1	Ei
1 TL	Salz
	bei Bedarf etwas Milch
500 g	Butterschmalz zum Frittieren
	Puderzucker zum Bestauben

Das Mehl in eine Schüssel sieben und mit den restlichen Zutaten zu einem festen Teig verarbeiten; ist der Teig zu trocken, etwas Milch zugeben. Den Teig mit einem Tuch abdecken und 1 Stunde ruhen lassen.

Dann den Teig mehrmals ausrollen und wieder zusammenklappen, das Ganze ungefähr sechsmal wiederholen. Zum Schluss den Teig zwei Millimeter dick ausrollen und mithilfe eines gewellten Teigrads große Rauten ausschneiden, sozusagen in Hasenohrenform.

Das Schmalz in einem breiten Topf erhitzen und die Rauten portionsweise schwimmend ausbacken, bis sie goldgelb sind. Mit Puderzucker bestreuen und noch warm servieren.

Auch zu Beginn des Frühjahrs war es meist noch sehr kalt, sodass die Menschen sich energiereich ernähren mussten. Schmalzgebäck war dafür eine preiswerte Möglichkeit, konnten doch die Zutaten aus der eigenen bäuerlichen Wirtschaft gewonnen werden. Frisch gebackene Berliner, Krapfen oder Mutzenmandeln erfordern allerdings etwas Erfahrung, denn das Backwerk sollte sich beim Ausbacken möglichst nicht mit Fett vollsaugen. Nicht nur Hasenöhrl sind traditionell eng mit Fasching verbunden. Kurz vor der Fastenzeit wurden noch die restlichen Eier verbraucht – in der schwäbisch-alemannischen Fastnacht geschah dieses am »Schmalzigen Samstag« durch das Zubereiten von Faschingskrapfen und Schmalznudeln.

Rupfhauben mit Dörrobstkompott

Die luftig-leichte Mehlspeise wird mit Obstkompott zur süßen Leckerei. In Niederbayern werden Rupfhauben aus Nudelteig hergestellt, anderswo finden sich auch Rezepte mit Kartoffelteig. Als Variante kann unter den Rupfhauben ein geschälter und in Stücke geschnittener Apfel mitgegart oder dazu Apfelkompott serviert werden.

Für 4 Personen

Kompott:
- 500 g gemischtes Dörrobst: Pflaumen, Aprikosen, Apfelringe
- 50–100 g Zucker

Rupfhauben:
- 350 g Mehl
- 1 Ei
- 20 g zimmerwarme Butter
- 1 Prise Salz
- 200 ml lauwarme Milch
- 600 ml Milch
- 2 EL Butter
- 2 EL Zucker

Alle gedörrten Früchte am Abend vor dem Kochen einweichen – auf ein Pfund Früchte kommt etwa ein Liter kaltes Wasser. Je nach Säure der Früchte wird der Zuckerzusatz bestimmt. Am nächsten Tag das Kompott in einem Topf mit verschlossenem Deckel im Einweichwasser einmal kurz aufkochen.

Alle Zutaten für den Nudelteig sollten Zimmertemperatur haben. Mehl auf ein Brett sieben, mit einer Vertiefung in der Mitte. Ei, Butter, Salz und Milch in die Mitte geben und von außen nach innen zu einem Teig kneten. 30 Minuten ruhen lassen.

Den Teig in zwölf Teile schneiden, Wecken formen und ausrollen. Nochmals 1 Stunde ruhen lassen.

In einem Topf oder einer Pfanne restliche Milch, Butter und Zucker aufkochen. Die ausgerollten Teigblätter in der Mitte nehmen, in die Pfanne oder in den Topf setzen und geschlossen mit Deckel etwa 20 Minuten dämpfen.

 In der Bauernküche war auch Süßes zum Sattessen gedacht. Fleischlose Mehlspeisen waren insbesondere als Fastenspeisen beliebt – die Fülle der Rezepte aus den eigentlich immer gleichen Zutaten ist erstaunlich. Auch Rupfhauben sind eine Fastenspeise. Das Besondere an diesem urbayrischen Schmankerl, das ein wenig dem Rezept für Dampfnudeln ähnelt, ist die charakteristische Haubenform.

Walderdbeerkonfitüre

Den Korb oder Eimer beim Sammeln mit den kleinen Walderdbeeren zu füllen, ist etwas mühseliger als die Ernte auf dem Zuchterdbeerenfeld beim Obstbauern. Belohnt wird der fleißige Pflücker mit dem intensiven Aroma der Wildfrüchte.

Die Erdbeeren waschen, gut abtropfen lassen und putzen. Die Erdebeeren und den geriebenen Apfel mit dem Zucker mischen und über Nacht Saft ziehen lassen.
Einmachgläser auswaschen und in kochendem Wasser sterilisieren. Erdbeeren und Zitronensaft in einem großen Kupfertopf langsam zum Kochen bringen. Die Masse 2 Minuten sprudelnd kochen lassen, bis sie dickflüssig ist, dabei immer wieder den Schaum abschöpfen.
Konfitüre in die Gläser füllen und sofort verschließen.

1 kg	Walderdbeeren
1	Apfel, gerieben
ca. 700 g	Zucker
1	Zitrone, Saft

Früher waren es die Kinder und Alten, die in den Wäldern Beeren pflückten, um den Kochzettel mit Frischem, Vitaminreichem und Süßem aufzubessern. In guten Jahren reichte diese Ernte vielleicht sogar zum Einkochen … Die grünen Kernchen der Früchte enthalten einen Bitterstoff, der heutzutage in kleinsten Mengen Konfitüre aus Gartenerdbeeren aromatisiert. Nach traditionellem Rezept im Kupfertopf und ausschließlich aus Walderdbeeren zubereitet, kann es der pure Fruchtaufstrich mit jeder Luxuskonfitüre aufnehmen.

Hefekringel

Im Bayrischen heißen sie Auszogne, im Fränkischen Knieküchle – weil die luftigen Hefekringel ursprünglich über das Knie in die richtige Form gezogen wurden. Mit Berliner Pfannkuchen verbindet das Schmalzgebäck der Hefeteig, in Holsteiner Förtchen gehören auch Rosinen. All diese Varianten schmecken ganz frisch und mit etwas Zucker bestreut, am besten.

Für 4 Personen

25 g	Hefe
250 ml	Milch
3 EL	Zucker
500 g	Mehl
2	Eier
80 g	zerlassene Butter
½ TL	Salz
1 kg	Schmalz zum Ausbacken
	Puderzucker zum Bestreuen

Die Hefe in der lauwarmen, gezuckerten Milch verrühren.
Für den Vorteig das Mehl in eine vorgewärmte Schüssel sieben, in die Mitte eine Vertiefung drücken und die Hefemilch hineingeben. Mit etwas Mehl verrühren und zugedeckt an einem warmen Ort etwa 10 Minuten gehen lassen.
Sobald der Vorteig gegangen ist, die Eier, die zerlassene Butter und eine Prise Salz dazugeben, gut vermengen und den Teig so lange schlagen, bis er Blasen wirft und sich von der Schüssel löst. Den Teig wieder zudecken und nochmals 30 Minuten gehen lassen.
Anschließend runde Häuflein abstechen, auf ein bemehltes Brett setzen, mit einem Tuch zudecken und nochmals 10 Minuten gehen lassen.
In die Häuflein mit der Handfläche in der Mitte eine Mulde drücken und an den Rändern ausziehen, sodass ein äußerer, erhabener Ring entsteht. In das siedende Butterschmalz geben und auf beiden Seiten goldbraun backen.
Mithilfe eines Schaumlöffels die Auszogne herausnehmen und mit Puderzucker bestreuen.

Fett war als Geschmacksträger bei Mehlspeisen unentbehrlich und diente als wichtiger Energielieferant – in früheren Zeiten war fast jede Tätigkeit mit körperlicher Anstrengung verbunden. Üblicherweise verwendete man Schweineschmalz, selten Öl oder Butter, denn beides war recht teuer. Butterschmalz, das reine Fett der Kuhmilch, ist durch den geringen Wassergehalt monatelang haltbar und eignet sich auch zum Ausbacken.

Sommer

Die Mühen der vergangenen Monate zahlen sich aus: Erbsen und Bohnen, Gurken und Tomaten, vor allem aber Rote und Schwarze Johannisbeeren, Himbeeren und Stachelbeeren, Süß- und Sauerkirschen sind reif.

Das Bauernleben im Sommer

Redensarten
Die Spreu vom Weizen zu trennen, heißt noch heute, das Wichtige vom Unwichtigen abzusondern.

Juni – Juli – August
Im Juni beginnt schon die Heuernte, bei der jede Hand gebraucht wird. Im Bauerngarten reift das erste Obst und Gemüse und muss gepflückt, verarbeitet und eingekocht werden. Im August ist Erntezeit für die meisten Getreidesorten. Mit Sichel und Sense wurden Weizen, Gerste und Hafer geschnitten, bevor es Mähmaschinen gab. Das war Männerarbeit, die Frauen banden die Halme zu Garben zusammen. Im Bauerngarten wird schon das erste Wintergemüse ausgesät. Lauch, Zwiebeln, Sommerkohl und Hülsenfrüchte können im Spätsommer geerntet werden, ebenso Birnen, Zwetschgen und Äpfel.

Dreschen
Als es noch keine Dreschmaschinen gab, wurden die Getreidegarben auf einem großen Tuch ausgebreitet. Kräftige Helfer schwangen den Dreschflegel und schlugen die Körner aus den Ähren. Mit großen Sieben wurde das entstandene Gemenge aus Körnern, Spelzen und Unkraut vorgereinigt und danach mit Schaufeln gegen den Wind geworfen, sodass sich die leichten Spreuteilchen von den schweren Getreidekörnern trennten.

Sonnenwende
Feiern zur Sommersonnenwende am 21. Juni, dem längsten Tag des Jahres, haben sehr alte Wurzeln bis zurück zu den Kelten und Germanen. Später wurden die heidnischen Volksbräuche in das christliche Kirchenjahr integriert: Das Johannisfest wird am 24. Juni gefeiert – mit Johannisfeuer, Tanz und mancherorts auch großen Feuerrädern.

Hühnersülze

Nicht nur Geflügel, auch Schweine- oder Kalbfleisch und Gemüse wird in Aspik zur deftigen Delikatesse. Kühl aufbewahrt, hält sich die Sülze ein bis zwei Tage. Damit nicht nur das Fleisch schmeckt, sondern auch das Aspik nicht fade wird, sollte die Brühe sehr kräftig gewürzt werden – denn beim Gelieren werden Aromastoffe gebunden.

Für 4 Personen

1	Huhn
	Salz
300 ml	Essig
300 ml	Weißwein
1 Bündel	Suppengemüse, mit Sellerie, Karotten, Lauch, Petersilie
2	Nelken
2	große Zwiebeln
1	Lorbeerblatt
10	Pfefferkörner
10 Blatt	Gelatine
2 Stängel	Petersilie

Das Huhn innen und außen waschen, abtrocknen und 1 Stunde vor dem Kochen ringsherum leicht einsalzen.
Die Zwiebeln halbieren. 500 Milliliter Wasser mit dem Essig und Weißwein zum Kochen bringen, Suppengemüse, Gewürze und die vier Zwiebelhälften mit Schale hineingeben. Das gesalzene Huhn in den Topf mit hineinsetzen und je nach Größe etwa 40 Minuten köcheln.
Das Huhn aus dem Topf nehmen und in Stücke zerteilen.
Die Brühe abseihen. Gelatine in kaltem Wasser einweichen, ausdrücken und in der lauwarmen Geflügelbrühe auflösen.
Die Hühnerstücke in einer tiefen Form mit der Petersilie anrichten und vorsichtig mit der Gelatinebrühe übergießen. Kühl stellen!

🥬 Die fest gewordene Sülze mit einem Messer vom Rand lösen und auf eine Platte oder ein Brett stürzen. Zum Servieren in dicke Scheiben schneiden, dazu passt Bauernbrot. Aspik oder Sülze bezeichnet den erstarrten Fleischsaft und mit einem solchen Gelee überzogene Speisen, ursprünglich ein typisches Produkt ländlicher Resteverwertung. Einfrieren kann man Sülze nicht, doch in Gläser eingekocht, beträgt die Haltbarkeit etwa sechs Monate. Nach dem Öffnen des Glases muss der Inhalt aber ebenfalls bald verzehrt werden. Für eine Zubereitung als Sülze eignen sich nicht nur Geflügel-, Rindfleisch- und Schinkenstücke, sondern auch verschiedene Gemüsesorten.

Schwarze Nüsse

Schwarze Nüsse sind eine regionale Spezialität aus der Pfalz sowie in Baden und in Hessen. Für diese Nussvariante werden etwa Ende Juni bis Mitte Juli noch unreife grüne Walnüsse frisch vom Baum in aromatisiertem Zuckersirup eingelegt. Als würzige Delikatesse passen sie gut zu Wild und Wildgeflügel sowie zu dünn aufgeschnittenem Schinken oder Speck.

500 g	grüne Walnüsse
625 g	Zucker
2	Zimtstangen
4	Nelken

Nüsse nach dem Ernten mehrmals mit einer dicken Nadel oder Gabel rundherum einstechen, dann in ein Gefäß mit Wasser geben, sodass die Walnüsse bedeckt sind. Das Wasser muss 14 Tage lang täglich abgegossen und wieder frisch aufgefüllt werden. Anschließend die Walnüsse so weich kochen, dass sie beim Reinstechen von der Nadel fallen. Über Nacht wieder mit kaltem Wasser bedecken. Morgens zum Abtropfen auf ein Sieb geben, dann in eine Schüssel.

Zucker und 500 Milliliter Wasser vermischen, aufkochen und über die Nüsse schütten. Am folgenden Tag den Zuckersud erneut aufkochen, abschäumen und nach Erkalten ein weiteres Mal über die Nüsse gießen. Das sechs Tage nacheinander wiederholen.

Am siebten Tag den Sud zum Sirup einkochen und die Nüsse darin einige Male aufkochen. Dann die Nüsse in sterilisierte Gläser schichten und dazwischen Zimtstücke und Gewürznelken verteilen. Zum Schluss den ausgekühlten Zuckersirup darübergeben, sodass er die Früchte völlig bedeckt.

Bis zum Verzehr sollten sie ein paar Wochen durchziehen, ungeöffnet sind sie 2–3 Jahre haltbar.

Essiggurken

Im Frühsommer sind die robusten Gartengurken, kleine Einlegegurken und Cornichons erhältlich. Ihre knackige Frische für den Winter zu konservieren, ist ganz einfach. Es macht überhaupt nichts, wenn der Dill zum Einlegen schon blüht.

Die Gurken einzeln waschen und über Nacht in das mit Wasser verrührte Salz legen.
Am folgenden Tag herausnehmen und einzeln gründlich trocken tupfen. Dann in einen gut gereinigten Stein- oder Glastopf schichten. Senfsaat, Meerrettichscheiben, Dill und den Zucker daraufgeben. Ein Drittel Essig mit zwei Drittel Wasser verdünnen, aufkochen und heiß über die Gurken gießen.
Die Flüssigkeit muss zwei Finger hoch über den Gurken stehen. Den Steinguttopf oder das Weckglas luftdicht mit Einmachhaut oder Glasdeckel verschließen, dunkel und kalt lagern.

Essiggurken bleiben knackig, wenn ihnen vor dem Einlegen Wasser entzogen wird. Dafür über Nacht ungeschält mit Salz bestreut ziehen lassen – dann werden sie nicht weich. Ansonsten gilt beim Gemüseeinlegen wie beim Konfitüre-Einkochen: Die Gefäße müssen mit kochend heißem Wasser gründlich ausgespült und blitzsauber sein. Sonst fängt das Eingelegte schnell an zu schimmeln und die Mühe war vergebens.

Für 4 Personen

100 g	kleine Einlegegurken
2 EL	grobes Salz
2 EL	Senfsaat
10	Scheiben frischer Meerrettich
6–8	Stängel Dill
3 EL	Zucker
1	Flasche Weinessig

Graupensuppe mit Tomaten

Rollgerste heißen Graupen in Süddeutschland und Österreich, und dort ist die Gerstensuppe mindestens so beliebt wie eine Graupensuppe mit Speck und Wirsing im Norden oder mit Suppengrün in Westfalen. Tomaten und Zitrone verleihen ihr eine sommerliche Note.

Graupen in einem feinen Sieb waschen. In einem Topf in der heißen Fleischbrühe unter mehrmaligem Umrühren 1 Stunde kochen. Inzwischen Zwiebeln schälen, mit den Gewürznelken spicken, von der Zitrone etwas Schale abreiben und beides in die Suppe geben und mitkochen.
Sind die Graupen weich, nimmt man den Topf vom Feuer und rührt ein Ei mit hinein. Mit Essig, Salz und Pfeffer abschmecken. Tomaten in Stücke schneiden, in die Suppe geben und nochmals bei kleinster Flamme 5 Minuten sieden lassen.

Graupen sind die mildere und bekömmlichere Variante der Gerste. Durch Schälen und Polieren verlieren die Getreidekörner Spelzen und Spitzen. Die feinste Qualität ist als Perlgraupen im Handel.

Für 4 Personen

80 g	Graupen
1 l	Fleischbrühe
2	Zwiebeln
2	Gewürznelken
½	unbehandelte Zitrone, Abrieb
1	Ei
1 EL	Essig
	Salz, Pfeffer aus der Mühle
4	Tomaten

Bohnensuppe mit Zwetschgenkuchen

Für 4 Personen

Bohnensuppe:

1 kg	grüne Bohnen (Stangen- oder Buschbohnen)
500 g	Kartoffeln
1 Bund	Suppengrün
1 Stiel	Bohnenkraut
500 ml	Rinder- oder Geflügelbrühe
	Salz, Pfeffer aus der Mühle
100 ml	saure Sahne

Zwetschgenkuchen:

500 g	Mehl
80 g	Zucker
80 g	Butterschmalz
1 Prise	Salz
20 g	Hefe
250 ml	Milch
350 g	Zwetschgen, entsteint
100 g	Zucker

Bibbelsches heißen die Schnippelbohnen in der Pfalz und im Saarland. Die grünen Bohnen werden klein geschnitten und als Suppe oder in heller Soße zubereitet. Wer es gern säuerlich mag, gibt einen Schuss Essig hinzu. Zur Bohnen- wie auch zur Kartoffelsuppe reicht man in der Pfalz und im Saarland Quetschekuche.

Die abgefädelten Bohnen in ein Zentimeter große Stücke schneiden und waschen. Die Kartoffeln schälen, würfeln und mit den Bohnen, dem Suppengrün und Bohnenkraut in der Brühe gar kochen. Mit Salz und Pfeffer würzen und mit der sauren Sahne verfeinern.

Für den Kuchen Mehl in eine Schüssel sieben und in der Mitte eine Vertiefung drücken. Zucker, Schmalz und Salz außen im Kreis auf das Mehl geben. Die Hefe zerbröckeln und in die Vertiefung geben. Die Milch leicht erwärmen und über die Hefe gießen. Geschirrtuch über die Teigschüssel legen und den Hefeteig an einem warmen Ort 20 Minuten gehen lassen.
Alle Zutaten zu einer Kugel kneten, nochmals zugedeckt 10 Minuten gehen lassen. So dünn wie möglich ausrollen, auf ein gefettetes Backblech legen, mit den Zwetschgen so dicht wie möglich belegen. Auf mittlerer Schiene bei 180 °C im Backofen 30 Minuten backen. Vor dem Servieren mit Zucker bestreuen.

Rote-Bete-Suppe mit Kerbel

Frisch geerntet schmecken die roten Knollen am besten – sortenabhängig sind sie schon im Juli und August reif. Im Frühsommer eignen sich die Wurzeln und ihre kleinen Blätter für schmackhafte Salate oder warme Gerichte. Besonders beliebt ist Rote Bete zum Heringssalat oder sauer eingelegt als Beilage zu Wild.

Die Rote Bete schälen (unter Zuhilfenahme von Gummihandschuhen), fein würfeln und in der Brühe mit etwas Kümmel, Salz und Pfeffer weich dünsten. Mit einem Mixer fein pürieren und nochmals kurz aufkochen lassen. Die Sahne zugeben, sodass eine cremige Suppe entsteht.
Den Kerbel waschen und fein hacken, mit der sauren Sahne verrühren und teelöffelweise in die Suppe geben.

Für 4 Personen

350 g	Rote Bete
500 ml	Gemüsebrühe
	Kümmel
	Salz, Pfeffer aus der Mühle
250 ml	süße Sahne
50 g	Kerbel
100 ml	saure Sahne

 Im Bauerngarten wachsen Kohlrabi und Karotten, Bohnen, Rettiche, Zwiebeln und Salat. Nur Kohl und Rüben pflanzte man zu den anderen Feldfrüchten auf den Acker. Egal, welches Gemüse zubereitet wird, das Kochwasser verwendet man für Suppen und Soßen weiter. Ursprünglich waren Rote Beten ein klassisches Wintergemüse und wurden ab Oktober geerntet bis zum ersten Frost. Richtig gelagert oder in Sand eingegraben können sie den ganzen Winter überstehen.

Früher Sommer,
schlechte Ernte.

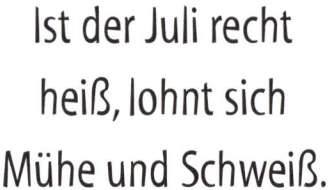

Ist der Juli recht
heiß, lohnt sich
Mühe und Schweiß.

Im Juni viel
Donner, bringt
einen trüben Sommer.

Wenn kalt und nass der Juni war, verdirbt er meist das ganze Jahr.

Treibt die Eiche vor der Esche, wird der Sommer eine Wäsche. Treibt die Esche vor der Eiche, wird der Sommer eine Bleiche.

Hühnersuppe mit Wurzelgemüse

Bei Erkältung, Unwohlsein und einem Kater bewirkt ein Teller Hühnersuppe wahre Wunder. Am besten wird sie mit Biohuhn: Das Fleisch hat mehr Geschmack, weil die Tiere langsamer wachsen als die mit Hochleistungsfutter gemästeten Käfighühner.

Für 4 Personen	
1 TL	Salz
1	Suppenhuhn
½ Stange	Lauch
½ Bund	Petersilie
2	Zwiebeln
3	Karotten
150 g	Sellerie
1	Petersilienwurzel
2	Lorbeerblätter
6	Wacholderbeeren
10	Pfefferkörner
	Pfeffer aus der Mühle
250 g	Suppennudeln

In einem großen Topf Wasser mit einem Teelöffel Salz zum Sieden bringen. Gemüse schälen, in grobe Stücke scheiden und mit den Gewürzen in das Salzwasser geben. Das Suppenhuhn innen und außen waschen, in den Topf legen und 1 Stunde bei kleiner Hitze kochen.

Die Brühe durchseihen, das Fleisch von den Knochen lösen und in ein Zentimeter große Würfel schneiden. Die Hühnersuppe mit dem Fleisch aufkochen und mit Pfeffer abschmecken.

Suppennudeln in reichlich Salzwasser bissfest garen, portionsweise in tiefe Teller geben und mit der heißen Suppe übergießen.

War eine Wöchnerin im Haus, gab es auch Hühnersuppe – noch heute ist ihre kräftigende Wirkung, insbesondere auch bei Erkältungen, allgemein bekannt. Üblicherweise brachten die Paten des Neugeborenen der jungen Mutter eine nahrhafte Suppe ins Haus. Bis heute hat sich in vielen Familien die Tradition gehalten, dass Mutter oder Großmutter der Wöchnerin nach der Geburt ihrer Enkel oder Urenkel für Suppe sorgen, und auch Hebammen empfehlen Hühnersuppe als Stärkungsmittel.

Heringssalat mit Roter Bete

Wie fast alle volkstümlichen Spezialitäten hat auch diese viele Namen. Der norddeutsche Heringssalat heißt auch »Polnischer Salat« oder »Roter Salat«. In Mainz kennt man ihn als »Konfettisalat«, weil er genauso bunt aussieht und zum Rosenmontag büttenweise angemacht wird.

Für 4 Personen

6	mittelgroße gekochte Kartoffeln vom Vortag, geschält
250 g	Rote Bete
400 g	kaltes, gekochtes, mageres Rindfleisch
200 g	Fleischwurst
4	Gewürzgurken
2 EL	Kapern
4	Matjesfilets
2 EL	Weinessig
	Pfeffer aus der Mühle
1	säuerlicher Apfel
100 g	Sauerrahm
2	hart gekochte Eier
	Schnittlauch zur Garnitur

Die Rote Bete in Salzwasser 1 Stunde kochen, dann schälen. Kartoffeln, Rote Bete, Fleisch, Wurst und Gurken in kleine Würfel schneiden, mit dem Saft der Roten Bete und den Kapern vermischen.
Matjesfilets eventuell kurz wässern, dann auch klein würfeln und zum Salat geben. Mit Pfeffer und Essig abschmecken.
Den Apfel schälen, entkernen und ebenfalls würfeln. Apfel und Sauerrahm unter den Salat ziehen und mindestens 10 Stunden kalt stellen. Mit hart gekochten Eiern und Schnittlauch garnieren.

Dazu isst man heiße Würstchen und Wasserbrötchen, in Frankfurt Wasserweck genannt, Paarweck in Mainz. Für viele Menschen verbindet sich Heringssalat mit Erinnerungen an ihre Kindheit – oft gab es den »Weihnachtssalat« am Heiligen Abend traditionsgemäß mit Frankfurter Würstchen.

Ochsenaugen mit Bückling

Gesalzener Bückling wird ausgenommen oder komplett mit Kopf heiß geräuchert. Frisch sind geräucherte Heringe, wenn ihre Haut golden glänzt und der Fisch bei Fingerdruck ein festes Fleisch hat.

Heringe in der Butter auf beiden Seiten leicht braten und warm stellen. Die Eierpfanne erhitzen und in jede Vertiefung etwas Butterschmalz geben. Jeweils ein Ei hineinschlagen und vorsichtig braten, bis das Eiweiß fest, aber der Dotter noch weich ist. Mit Salz und Pfeffer würzen. Die Heringsfilets mit den Ochsenaugen servieren.

Für 4 Personen

4	Bücklinge
1 EL	Butter
4	Eier
2 EL	Butterschmalz
	Kräutersalz
	Pfeffer aus der Mühle

Mit Eiern ging man sparsam um – man hatte nur so viele, wie die eigenen Hennen legen konnten. Auf manchem Kleinbauernhof trugen die auf dem Markt verkauften Eier auch zum Ertrag bei, da musste der eigene Speisezettel hintanstehen. Doch wo es ging, gab man zu den – meist fleischlosen – Speisen ein paar Eier. Reine Eierspeisen waren zwar selten, aber waren doch einmal ein paar übrig, bereitete die Bauersfrau gerne Ochsenaugen zu – Spiegeleier, für die sie eine spezielle Eierpfanne mit mehreren Vertiefungen besaß.

Fleischklößchen mit Meerrettichsoße

Für 4 Personen

750 g	gemischtes Hackfleisch
3	Brötchen vom Vortag
2	Eier
1	Zwiebel
1 TL	Thymian
½ Bund	Petersilie
1 EL	mittelscharfer Senf
	Salz, Pfeffer
1 Prise	Muskat
750 ml	Rinderbrühe
20 g	Butter
2 EL	Mehl
125 ml	Sahne
	Zucker
150 g	Meerrettich, frisch gerieben
2 EL	Lindenkapern

Zu den Pfälzer »Fläschknepp mit Soss« passen Salzkartoffeln. Statt mit Kapern lässt sich das Rezept auch mit Lindenkapern verfeinern. Denn die jungen Früchte der Linde kann man, in Essigwasser gekocht, einlegen und sie wie ihr mediterranes Pendant verwenden.

Die Brötchen klein würfeln, mit den Eiern und dem Hackfleisch in einer Schüssel vermengen. Die Zwiebel schälen, würfeln und in die Masse geben. Die Kräuter klein hacken, zur Fleischmasse geben und mit Senf, Salz, Pfeffer und Muskat abschmecken.
Mit einem Esslöffel Portionen von dem Fleischteig abstechen und Bällchen daraus formen. Diese in die heiße Rinderbrühe geben und 10 Minuten gar ziehen lassen, die Brühe nicht kochen.
Für die »Soss« die Butter schmelzen, das Mehl darin hell anschwitzen. Von der Rinderbrühe 250 Milliliter abmessen und damit ablöschen. Die Soße aufkochen, Sahne hinzufügen, mit Salz, Pfeffer und Zucker abschmecken, erst zum Schluss den Meerrettich und die Lindenkapern einrühren.

Meerrettichwurzeln haben mit Rettich nichts zu tun, sondern sind mit der Senfpflanze verwandt. Der Vitamin-C-reiche Meerrettich ist hitzeempfindlich und darf daher erst zum Schluss in heiße Suppen oder Soßen gegeben werden. Ende Juni kann man die weichen, runden Samen der Sommerlinde sammeln und dann wie Kapern in Salz und Essigsud einlegen.

Dicke Bohnen mit Mettwurst

Dicke Bohnen heißen auch Sau-, Acker,- Puff- oder Pferdebohnen. Einst wegen guter Erträge und des hohen Eiweiß- und Stärkegehalts ein wichtiges Nahrungsmittel, spielten die robusten Hülsenfrüchte einige Jahrzehnte nur noch als Viehfutter eine Rolle. Jetzt entdecken Feinschmecker das junge Gemüse neu.

Die frisch gepflückten Bohnen werden aus ihrer Hülle gelöst, dann in einem Topf mit kochendem Wasser übergossen und zugedeckt stehen gelassen, bis sich die äußere dicke Haut abziehen lässt. Alle Bohnenkerne schälen.
Butter in einem Topf erhitzen, Mehl darin hell anschwitzen und mit der heißen Fleischbrühe ablöschen. Bohnenkerne dazugeben und mit Zucker, etwas Salz und Muskatnuss weich dünsten. Kurz vor Ende der Garzeit Mettwürste auf das Bohnengemüse legen, bis sie heiß sind. Dazu Salzkartoffeln servieren.

Für 4 Personen

3 kg	Bohnenschoten
2 EL	Butter
1 EL	Mehl
250 ml	Fleischbrühe
1 TL	Zucker
	Salz
	Muskatnuss
	Pfeffer aus der Mühle
4	geräucherte Mettwürste (Polnische)

Eine wichtige Methode, Fleisch haltbar zu machen, war das Räuchern. Würste, Schinken und zuvor in Salzlake eingelegte Fleischstücke kamen dafür – befestigt an Haken oder einer langen Stange – in den Rauchfang. Alles hing so luftig im Kamin, dass kein Stück die Wände berührte, und recht hoch, da der Rauch schon kalt sein musste, wenn er zum Fleisch gelangte. Für ein besonderes Aroma konnten Wacholderzweige zur Glut gegeben werden.

KALTRÄUCHERN

Saure Leber

Zur Leber wird in Berlin wie in Bayern Kartoffelpüree serviert, in Schwaben und Baden bevorzugt man eher Brägele, also Bratkartoffeln dazu.

Für 4 Personen

600 g	Kalbsleber, in Scheiben
1 EL	Mehl
2	Zwiebeln
2 EL	Butter
	Salz, Pfeffer aus der Mühle
125 ml	Gemüsebrühe
2 EL	Essig

Kalbsleberscheiben waschen, von den Sehnen befreien und in kleine Scheiben schneiden. Die Leber mit etwas Mehl bestauben. Zwiebel schälen und in Ringe schneiden.
Eine Pfanne mit Butter erhitzen, Zwiebelringe darin goldgelb anbraten. Leber zugeben und kurz mit anrösten, dann salzen und pfeffern. Mit Gemüsebrühe ablöschen und mit dem Essig säuerlich abschmecken.

Rezepte für Innereien sind in der Bauernküche gut vertreten. Ob zarte Kaninchen- und Kalbsleber, die gröbere und herzhaftere Schweineleber oder Nieren, Lunge und Herz – eine Bauersfrau wusste genau, wie man sie zubereitet. Rinderleber legte sie vor der Zubereitung erst in Milch ein, um ihr das Bittere zu nehmen. Sauer werden die Innereien durch die Zugabe von Essig oder Wein. Dass es so viele »saure« ländliche Rezepte für leicht verderbliche Innereien gibt, liegt vielleicht daran, dass Essig auch desinfizierend wirkt.

Spinatmaultaschen

In der Fastenzeit war fleischliche Kost verboten, aber wenn man es klein hackte und in Nudelteig versteckte, konnte man dem Herrgott ein Schnippchen schlagen. Die schwäbischen »Herrgottsbscheißerle« werden traditionell mit Spinat, Hack und Brät gefüllt.

Aus Mehl, Eiern, etwas Salz und etwa acht Esslöffeln Wasser einen Nudelteig kneten. Das Hackfleisch mit dem Brät mischen. Spinat in Salzwasser blanchieren, mit einer Schaumkelle aus dem Topf nehmen, ausdrücken und grob hacken. Die Petersilie und den Spinat unter die Hackmasse kneten, die Eier zugeben, mit Salz, Pfeffer und Muskat abschmecken.

Den Teig zu einer langen Bahn ausrollen, an einer Längskante die Füllung verteilen. Die Teigränder mit Eiweiß bepinseln und wie einen flachen Strudel aufrollen. Nun mit einem langen Hölzchen etwa sechs Zentimeter lange Rechtecke abdrücken. Die Maultaschen in der heißen Fleischbrühe etwa 10 Minuten gar ziehen, aber nicht kochen lassen (sonst platzen die Teigtaschen). Die Zwiebeln schälen, in Ringe schneiden und in der Butter goldbraun braten. Die Maultaschen in Suppentellern mit etwas Brühe servieren und die Zwiebeln darübergeben.

Für 4 Personen

400 g	Mehl
4	Eier
	Salz
250 g	gemischtes Hackfleisch
200 g	Kalbsbratwurstbrät
250 g	frischer Spinat
1 Bund	Petersilie, fein gehackt
2	Eier
	Pfeffer aus der Mühle
	Muskat
1	Eiweiß
1 l	Fleischbrühe
4	Zwiebeln
50 g	Butter

Für Nudelteig und Strudelteig waren auf dem Bauernhof immer alle Zutaten zur Hand. Einfach Mehl mit etwas Wasser verkneten, unter Hinzufügung von Eiern oder ohne, und dann mit dem füllen, was Garten, Speisekammer und Keller noch boten – mit Sauerkraut und Speck, Pilzen, Quark und Kräutern oder als süße Variante mit Nüssen, Äpfeln oder Mohn.

Grießklößchen

In Sachsen und in Süddeutschland sind Grießnockerl in klarer Fleischbrühe beliebt. Statt sie als feine Einlage in eine Suppe zu geben, kann man die Grießklößchen auch als Beilage zu Salat, Spinat, Gemüse in Rahmsoße oder auch zu Obstkompott servieren. Dafür einfach nach dem Garen in einer Pfanne mit leicht gebräunter Butter schwenken.

Für 4 Personen	
1 l	Milch
	Salz
	Muskat
200 g	Hartweizengrieß
3–4	Eier

Milch mit Salz und einer Spur Muskat aufkochen, den Grieß locker einrieseln lassen und kräftig mit dem Schneebesen unterrühren. Langsam weiterkochen, bis er gut ausgequollen ist, dann vom Herd nehmen und unter öfterem Rühren etwas abkühlen lassen. Die Eier verquirlen und unter die etwas abgekühlte Grießmasse mischen. In einem großen Topf Salzwasser zum Kochen bringen. Mit einem Esslöffel Klößchen abstechen und gar ziehen lassen – das Wasser soll nicht mehr kochen, nur simmern.

Eine fast vergessene Zutat ist Grieß – meist kennt man nur noch den Grießbrei als Babynahrung. Auf dem Bauernhof gibt es Grießklößchen auch als sättigende Beilage – der italienischen Polenta vergleichbar. Grieß wird aus Getreidekörnern hergestellt, meist aus Weizen, der gröber gemahlen wird als für Mehl. Besonders fein ist Weichweizengrieß, der zum Backen, für Kinderbrei und Nachspeisen verwendet wird. Aus Hartweizen wird Grieß hergestellt, der sich für Teigwaren, Grießnocken und Schmarrn eignet.
In manchen Regionen verstreute man Grieß vor Türen und Fenstern, um Böses zu bannen, besonders wenn es Neugeborene im Haus gab.

Kartoffelpuffer

Reiberdatschi oder Dätscher heißen aus geriebenen Kartoffeln zubereitete Puffer in Bayern oder Thüringen, Reibekuchen oder Flinsen im Norden. Noch häufiger aber stehen knusprige Rievkooche in ihrer unbestrittenen Hochburg im Rheinland auf dem Speisezettel. Ihnen allen gemeinsam: Sie schmecken am besten im Frühling von neuen Kartoffeln – je nach Geschmack mit Zucker oder Apfelmus.

Für 4 Personen

Kartoffelpuffer:
1,5 kg	große festkochende Kartoffeln
4	Eier
	Salz
1 EL	Mehl
1	Zwiebel
	Öl oder Butterschmalz

Apfelmus:
100 ml	Süßwein
2 TL	Zitronensaft
4 EL	Zucker
1	Vanillestange
½	Zimtstange
1,5 kg	Äpfel

Die rohen Kartoffeln schälen, in kaltes Wasser legen, damit sie nicht braun werden, und unmittelbar vor dem Ausbacken reiben. Zwiebel schälen und reiben. Eier, Salz, Mehl und die geriebene Zwiebel gut mit den geriebenen Kartoffeln vermengen.
In einem großen Topf den Süßwein und 200 Milliliter Wasser erhitzen, Zitronensaft, Zucker und Gewürze zugeben. Äpfel schälen, vierteln und Kernhaus entfernen. Apfelstücke in Scheiben schneiden und im Kochwasser 15 Minuten kochen. Die Apfelmasse in einer flotten Lotte pürieren, bis ein Apfelmus entsteht.
In einer Pfanne Öl erhitzen, je nach Belieben kleine oder größere Puffer darin auf beiden Seiten knusprig und goldbraun backen.

In Ostpreußen gibt man noch einen halben Teelöffel gemahlenen Anis zu, im Rheinland eine Prise Muskat oder eine Prise Kümmel. In Thüringen wird Dätscher nicht nur in der Pfanne gebraten, sondern auch auf ein Blech gestrichen und im Ofen gebacken. Dort wird der Masse ein Drittel gekochte Kartoffeln zugefügt.

Kornelkirschen in Essig

Für die eingelegten Kornelkirschen, die gut zu Käse, kaltem Braten oder Wildgerichten passen, werden noch unreife grüne oder hellrote Früchte verwendet. Aus den reifen roten Früchten, die mit etwas Wasser weichgekocht, passiert und mit Gelierzucker eingedickt werden, lässt sich eine Kornelkirschenkonfitüre herstellen.

Die Kornelkirschen verlesen und waschen. In eine Schüssel geben und leicht mit einem Stampfer andrücken.
Die Kirschen in sterilisierte Gläser füllen. Essig, Salz, Lorbeer und 125 Milliliter Wasser aufkochen und über die Kirschen geben. Sofort verschließen und einige Wochen ziehen lassen.

Für 4 Personen

500 g	Kornelkirschen
250 ml	Essig, 5 Vol.-%
1 Prise	Salz
2	Lorbeerblätter

Bevor es die Möglichkeit des Einfrierens gab, war die wichtigste Methode des Konservierens noch vor dem Pökeln oder Räuchern das Einkochen und das Einlegen in Essig. Besonders Gemüse wie Bohnen und Gurken eigneten sich, aber auch die meisten Obstsorten konnten als Kompott oder süßsauer haltbar gemacht werden. Auch Fleischstücke füllte man im Bratensaft oder im eigenen Fett in Gläser – sollte es dann sonntags einen Braten geben, holte man sich das Einmachglas aus dem Keller.

Holunderblütenessig

Blühender Holunder verströmt einen wunderbaren Duft. Die Blütezeit beschränkt sich leider auf wenige Tage im Mai und Juni. Die Essenz davon kann in selbst gemachtem Holunderblütensirup oder in aromatisiertem Essig konzentriert und haltbar gemacht werden.

3	Handvoll gepflückte Holunderblütendolden
1 l	milder Weißweinessig

Holunderblütendolden gegebenenfalls vorsichtig säubern, aber auf keinen Fall waschen!
Die Dolden in ein großes Einmachglas füllen. Essig so darübergeben, dass die Dolden bedeckt sind. Zugedeckt an einem kühlen, dunklen Ort sechs Wochen stehen lassen.
Den Holunderblütenessig durch ein Passiertuch abseihen und in Flaschen füllen.

Essig nimmt leicht und schnell Aromen an, daher ist es ganz einfach, ihn mit Kräutern oder Früchten zu verfeinern. In der Bauernküche dient Essig nicht nur als Würze für Salate oder Gerichte wie saure Leber, sondern auch als Konservierungsmittel. Der selbst gemachte Essig ist zu fein dafür, er passt ideal zu Kartoffel- und Blattsalaten und hält sich im Kühlschrank ein Jahr. Bei sensiblen Personen kann das auch in den Stielen enthaltene Sambunigrin Erbrechen, Durchfall und Krämpfe verursachen. Das Einlegen ohne die grünen Doldenstiele wäre daher ratsam: Blüten einfach mit der Schere abschneiden.

Brombeerkuchen

Die Obstkuchen von Landfrauen sind legendär. Dieser feine Biskuitkuchen mit einem Belag aus Brombeeren und Sahne schmückt jede sonntägliche Kaffeetafel. Von Juli bis Oktober haben die wild an Wegrändern und auf Waldlichtungen wachsenden Früchte Saison.

Den Backofen auf 170 °C vorheizen. Die Eier mit vier Esslöffeln heißem Wasser, dem Zucker und Vanillezucker in eine Rührschüssel geben und dickschaumig aufschlagen. Mehl, Stärkemehl und Backpulver darübersieben. Mithilfe eines Schneebesens die Zutaten vorsichtig unterheben.
Eine Springform mit Backpapier auslegen und den Biskuitteig in die vorbereitete Form geben. Auf der mittleren Schiene im heißen Backofen in etwa 30 Minuten goldbraun backen.
Die Sahne mit dem Zucker im Rührbecher steif schlagen. Brombeeren vorsichtig waschen, gut abtropfen lassen und unter die Sahne heben. Auf den fertigen Biskuitboden streichen und mit Puderzucker bestreuen.

Für eine Backform von 26 cm Durchmesser

Biskuit:

4	Eier
200 g	Zucker
1	Päckchen Vanillezucker
80 g	Mehl
80 g	Stärkemehl
1	gestr. TL Backpulver

Brombeersahne:

250 ml	süße Sahne
30 g	Zucker
300 g	Brombeeren
	Puderzucker

Die vitaminreichen Wildfrüchte eignen sich auch gut zum Einkochen als Konfitüre, Gelee oder Saft, jedoch sollten nur wirkliche schwarze Brombeeren geerntet werden – einmal gepflückt, reifen sie nicht mehr nach. Verwenden konnte die Bauersfrau auch die Brombeerblätter – sie halfen gegen Durchfall. Den Arzt rief man nur in schweren Fällen, weniger ernsthafte Krankheiten wurden mit Hausmitteln kuriert: Lindenblüten bei Erkältung, Klee und Huflattich gegen Krampfadern, Johannisbeerkraut linderte Entzündungen.

Heidelbeerpfannkuchen

Purer Sommergenuss: Pfannkuchen mit im Wald gesammelten Heidelbeeren, die neben dem eigenen Gartenobst als wichtiger Vitaminlieferant dienten. Ein hilfreicher Blaubeeren- oder Heidelbeerkamm, auch Raffel oder Riffel genannt, konnte im Winter leicht im Eigenbau hergestellt werden.

Die Eier trennen. Das Mehl mit den Eigelben, Salz und der Milch zu einem flüssigen, glatten Teig verrühren. Eiweiß steif schlagen und unter den Teig heben. In einer großen Pfanne etwas Butter zerlassen. Ein Viertel des Teigs mithilfe einer Kelle gleichmäßig in der Pfanne verteilen und ein Viertel der Heidelbeeren darüberstreuen. Den Pfannkuchen auf beiden Seiten goldbraun ausbacken. Mit den restlichen Zutaten weiter so verfahren.
Mit Puderzucker bestreuen, dazu passt geschlagene Sahne.

Für 2 Personen

2	Eier
80 g	Mehl
1 Prise	Salz
250 ml	Milch
2 EL	Butter
200 g	Heidelbeeren

Auf dem Bauernhof kamen alle Nahrungsmittel aus eigener Herstellung, im Krämerladen besorgte die Bäuerin nur Dinge wie Salz, Zucker und Essig. War mal kein Bargeld im Hause, konnte die kleine Schuld auch mit Eiern beglichen werden. Das Ei als Zahlungsmittel stammt vermutlich noch aus Zeiten, als es traditionelle Termine für Zinsen gab, die für das gepachtete Land an den Grundherrn zu zahlen waren. So mussten an Fastnacht, Ostern, Martini oder Lichtmess nicht nur Gänse und andere Naturalien abgeliefert werden, sondern meist auch Eier.

Johannisbeerkuchen

Im Schwäbischen heißen Johannisbeeren Träuble, und der Träubleskuchen ist der Klassiker unter den vielen wunderbaren Kuchenrezepten der Region. Kühl gestellt schmeckt der Kuchen auch am nächsten Tag! »Schwabenkorn« wird der Dinkel auch genannt, eine dem Weizen verwandte alte Getreidesorte, die in Baden-Württemberg verstärkt wieder angebaut wird.

Für eine runde Backform von 26 cm Durchmesser

250 g	Dinkelvollkornmehl
125 g	Butter
60 g	Zucker
3	Eigelb
1 Prise	Salz
½ Stange	Vanille, ausgekratztes Mark
1	unbehandelte Zitrone, Abrieb
500 g	Rote Johannisbeeren
150 g	Mandeln, gerieben
3	Eiweiß
150 g	Zucker

Das Mehl sieben, Butter in Stücke schneiden und mit dem Zucker, Eigelb, Salz, Vanillemark und Zitronenschale zu einem Mürbeteig verkneten. Teig etwas flach drücken, in Frischhaltefolie wickeln und kalt stellen.

Die Backform fetten und mit Mehl bestauben. Die Johannisbeeren säubern, von den Rispen zupfen und mit den Mandeln mischen. Teig ausrollen und in die Backform geben, die Johannisbeermischung darauf verteilen.

Das Eiweiß mit dem Zucker sehr steif schlagen und auf die Beeren streichen. Den Kuchen in den vorgeheizten Backofen schieben und 30–40 Minuten bei 180 °C backen, bis die Baiserdecke eine goldbraune Farbe angenommen hat.

Bei nachbarschaftlichen Besuchen auf dem Land war unter wohlhabenden Bauern die Einladung zur Kaffeetafel beliebt, die in den Sommermonaten, wenn das Wetter es zuließ, auch schon mal im Schatten der Bäume gedeckt wurde. Zur Sonntagsvisite wurde dann nicht nur Kuchen gebacken, sondern auch der Garten in Ordnung gebracht, das Gras gemäht und die Wege geharkt.

Kirschkuchen

Für 1 Backblech

Teig:

300 g	Mehl
80 ml	lauwarme Milch
60 g	Zucker
20 g	Hefe
140 g	Butter
1 Prise	Salz
1	Ei

Belag:

500 g	Süß- und Sauerkirschen
250 g	Schmand
100 g	Zucker
50 g	Mandelblättchen

Mit saftigen Blechkuchen konnte auch eine große Runde an der bäuerlichen Kaffeetafel zufriedengestellt werden. Im Juni beginnt die Saison für heimische Süß- und Sauerkirschen.

Mehl in eine Schüssel sieben und in der Mitte eine Vertiefung drücken. In die Milch einen Teelöffel Zucker geben und die Hefe einbröckeln, verquirlen und in die Vertiefung gießen. Mit einem Teil des Mehls zu einem dicken Brei verrühren. Butter in Flöckchen, den restlichen Zucker und Salz auf den Mehlrand geben. Die Schüssel zugedeckt für 25 Minuten an einen warmen Ort stellen. Anschließend das Ei zugeben und alles verkneten. Den Teig nochmals 30 Minuten an einem warmen Ort gehen lassen. Ausrollen und auf ein gefettetes Blech legen.
Die Kirschen entsteinen und auf dem Teig verteilen. Schmand mit Zucker verrühren und über die Kirschen gießen. Mit Mandelblättchen bestreuen und im vorgeheizten Backofen in etwa 45 Minuten bei 180 °C goldbraun backen. Nach Belieben mit Puderzucker bestreuen.

»Backe, backe Kuchen, der Bäcker hat gerufen ...« – der bekannte Kinderreim spiegelt einstige ländliche Realität: Benötigte man für richtig große Feste gleich mehrere Blechkuchen, so bereitete man diese in der Bauernküche zu und trug sie dann zum Dorfbäcker, da nur er über einen großen Ofen verfügte. Waren Kuchen oder Brote fertig, rief er tatsächlich! Andere Dörfer besaßen ein eigenes Backhaus, für das die Zeiten zum Teil unter den Bauersfrauen verlost oder zugeteilt wurden.

Johannisbeersaft und Johannisbeerlikör

Hauptreifezeit für Johannisbeeren ist der Juli. Dank ihrer feinen Säure lässt sich aus den roten Beeren ein erfrischender Saft zubereiten. Angesetzt mit klarem Schnaps wird ein fruchtiger Likör aus den dunklen Beeren.

Rote Johannisbeeren und Zucker in einen Topf geben, 20 Minuten erhitzen, aber nicht kochen. Danach die Beeren mit dem Saft durch ein Tuch pressen oder durch ein Sieb passieren.
Den Saft zurück in den Topf geben, bei kleiner Flamme 5 Minuten erhitzen und unter ständigem Abschäumen wieder abkühlen lassen. Saftflaschen in ein kochendes Tauchbad geben und nach 5 Minuten Sterilisation herausnehmen. Saft mithilfe eines Trichters heiß in Flaschen füllen, obenauf ein paar Öltropfen geben und verschließen. Vor Gebrauch nimmt man zuerst das Öl ab.

Die Schwarzen Johannisbeeren putzen und von den Rispen abzupfen. Dann in einer Schüssel zerdrücken und in Glasflaschen füllen. Korn darübergießen, Flaschen gut verschließen und an einen sonnigen Platz auf einer Fensterbank stellen.
Während der folgenden vier Wochen täglich immer wieder etwas durchschütteln. Dann Flüssigkeit abseihen und auffangen. Zucker mit einem Liter Wasser aufkochen, abkühlen lassen und mit der Schnapsflüssigkeit vermischen. Noch einmal durchseihen (durch ein sauberes Tuch), damit auch die letzten kleinen Fruchtstückchen entfernt sind. In gut verschließbare Flaschen füllen und kühl lagern.

Johannisbeersaft:

2 kg	Rote Johannisbeeren
50 g	Zucker
2 EL	Traubenkernöl

Johannisbeerlikör:

1 kg	Schwarze Johannisbeeren
1 l	Korn
375 g	Zucker

Herbst

Auch nach der Haupterntezeit im Sommer bescheren Feld und Bauerngarten noch reiche Ernte. Äpfel und Birnen, Kürbisse und Nüsse, Quitten und Zwetschgen sind jetzt reif. Und auch Waldpilze und Wildfrüchte bereichern den Speisezettel. Als letzte Ernte gelten Kohl und Futterrüben.

Das Bauernleben im Herbst

Im Gedenken an die Verstorbenen

Im Allgäu brennt zu Allerseelen das Rübenlichtle auf dem Grab, in Mainz wird als traditionelle Kerze der kegelförmige Newweling entzündet. Vom Allerheiligenstriezel über den Seelenzopf bis zum Totenbrot kennt jede Gegend auch typisches Gebäck.

September – Oktober – November

Im September bringt man das zweite Heu in die Scheune, und auf den Feldern wird Winterroggen und Winterweizen ausgesät. Hauptarbeit im Herbst ist das Kartoffelgraben und Ernten. Was die Bauern an Gemüse und Obst nicht auf dem eigenen Hof einlagern, wird auf dem Markt verkauft.

Die ersten Blätter färben sich gelb. Um den Winter zu überstehen, müssen Vorräte angelegt werden. War es ein ertragreiches Jahr, so beginnt im Oktober für den Bauern die schönste Zeit: Die Ernte neigt sich dem Ende zu, die Scheunen sind mit Futter für die Tiere, die Vorratsspeicher und Keller mit Obst, Gemüse und Getreide gefüllt, und das Vieh kommt von den Weiden gesund zurück auf den Hof. Für die Bauersfrau geht das Einkochen und Einmachen weiter, Pilze und Kräuter werden getrocknet, außerdem beginnt wieder die Arbeit in der Stube.

Erntedank, Allerheiligen, Allerseelen und Totensonntag

Zu Erntedank wird Gott für die Gaben gedankt, die das Jahr gebracht hat. Zum Gottesdienst kommt man in der reich mit Feldfrüchten geschmückten Kirche zusammen. Oft wird eine aus Getreide oder Weinreben geflochtene Erntekrone durch den Ort getragen, und in vielen ländlichen Gemeinden gibt es große Umzüge mit blumengeschmückten Wagen, Fußgruppen und Spielmannszügen. Beim großen Erntedankfest wird dann ausgelassen getanzt und gefeiert ...

Im November wird der Toten und der Heiligen gedacht, mit lokal und nach Konfession unterschiedlich ausgeprägten Bräuchen. Fast überall gehört dazu, auf dem Friedhof die Gräber mit Lichtern zu schmücken.

Kraut- und Rübensalat

Fasskraut und Fassrüben, so heißen die eingelegten Karotten und das selbst gemachte Sauerkraut in Süddeutschland. Wird beides gleich zusammen milchsauer eingelegt, erhält man einen erfrischenden Rohkostsalat, der pur mit Bauernbrot ebenso gut schmeckt wie als Beilage zu Fleisch.

5 kg	fester, frischer Weißkohl	
1 kg	Karotten	
75 g	Salz	
1 TL	Zucker	
	Wacholderbeeren	
1 EL	Kümmel	

Von den Weißkohlköpfen die äußeren Blätter und den Strunk entfernen. Die Karotten putzen und schälen. Anschließend den Kohl hobeln – optimal mit einem professionellen Krauthobel. Die Karotten fein raspeln.

Den gehobelten Kohl und die geraspelten Karotten zusammen mit Salz, Zucker und den Gewürzen in einen Steinguttopf einfüllen und ordentlich stampfen, bis Saft entsteht und der Saft das Kraut bedeckt.

Im Kohl soll sich keine Luft mehr befinden. Wenn der austretende Saft nicht ausreicht, um den Kohl zu bedecken, kann man etwas Weißwein oder verdünnten Essig nachfüllen. Auf diese Art wird der Topf bis etwa drei Viertel seines Volumens gefüllt.

Beschwerungssteine obenauf legen. Das Kraut sollte 14 Tage an einem warmen Ort (beispielsweise in der Küche bei Zimmertemperatur) zum Gären stehen gelassen werden. Danach soll der Topf in einen kühlen Raum gebracht werden, um die Haltbarkeit zu verlängern.

 Früher hatte fast jede Familie ein Holzfass oder große Steinguttöpfe mit saurem Kraut im Keller. Im Herbst wurden dafür ganze Berge von Kohlköpfen gehobelt – teilweise kamen auch Hobelweiblein durch die Dörfer. Das Sauerkraut kann je nach Geschmack feiner oder etwas grober gehobelt werden. Solange sich Sauerkraut im Gärtopf befindet, sollte man darauf achten, dass die Randrinne des Steinguttopfs immer mit Wasser gefüllt ist. Hierdurch kann keine Luft in den Topf eindringen und damit auch keine unerwünschten Keime.

Schwarzwurzelsalat

Winterspargel wird das frostharte Gemüse auch genannt, das es von Oktober bis März frisch auf dem Markt zu kaufen gibt.

500 g	Schwarzwurzeln
2 EL	Essig
1	rote Zwiebel
1 Bund	Petersilie
3 EL	Sonnenblumenöl
3 EL	Weinessig
1 TL	Senf
	Salz, Pfeffer aus der Mühle

Schwarzwurzeln unter fließendem Wasser gründlich abbürsten, dabei am besten Handschuhe tragen. Einen Liter kaltes Wasser mit einem Esslöffel Essig vermischen. Schwarzwurzeln schälen, in zwei Zentimeter dicke Stücke schneiden und in das Essigwasser legen, damit sie nicht braun werden.
In einem Topf Wasser mit dem restlichen Essig zum Kochen bringen. Die Schwarzwurzeln darin 20–30 Minuten bissfest garen.
Zwiebel schälen, halbieren und in dünne Ringe schneiden. Petersilie waschen, trocken tupfen und fein hacken. In einer Schüssel Öl, Essig, Senf, Salz und Pfeffer für das Dressing gut verquirlen. Die leicht abgekühlten Schwarzwurzeln mit den Zwiebelringen hineingeben und 30 Minuten durchziehen lassen. Mit Petersilie bestreuen und servieren.

 Schon im Mittelalter galten die langen Stangen als Heilpflanze – heute weiß man, dass sie dank ihres hohen Mineralstoffgehalts tatsächlich zum Gesündesten gehören, was man im Winter auf den Tisch bringen kann. Sie enthalten Inulin, ein Kohlehydrat, das den Blutzuckerspiegel nicht beeinflusst. In der Bauernküche werden Schwarzwurzeln auch gerne in Pfannkuchenteig gewälzt und in heißem Schmalz ausgebacken.

Spundekäs

Der Määnzer Spundekäs wurde früher angerichtet wie ein Spund von einem Weinfass, und traditionell gibt es ihn zum »Woi« in fast jedem Weinlokal und in den Straußwirtschaften. Dazu isst man dick geschnittenes Bauernbrot, Brezeln oder Paarweck (Doppelbrötchen). Ebenfalls sehr gut dazu: heiße »Gequellte«, wie Pellkartoffeln in Rheinhessen heißen.

Zwiebel schälen und in feine Würfel schneiden. Die Butter sollte Zimmertemperatur haben. Abschließend alle Zutaten gut miteinander vermischen.

1	kleine Zwiebel
250 g	Quark mit 40 % Fettgehalt
2 EL	weiche Butter
	Salz, Pfeffer aus der Mühle
1 TL	Paprika
1 TL	Kümmel
1 EL	Kapern

Der pikante Spundekäs darf keinesfalls zu flüssig sein, er muss seine Form gut halten. Je nach Region wird Quark oder Frischkäse anders angemacht – mit Senf oder Ei, mit Knoblauch wie in der Pfalz, mit Schnittlauch im Rheinland. Im Süden Deutschlands wird der Obatzda mit Weichkäse, meist Camembert, zubereitet. Die würzige Käsecreme ist eine perfekte Brotzeit oder ein idealer Imbiss zum Bier oder Wein.

Kürbis in Apfelwein

Farbenprächtige Kürbisse läuten den Frühherbst ein. Eine reiche Ernte lässt sich über den Herbst hinaus in Alkohol, Zucker und Essig köstlich konservieren – süßsauer eingelegt hält Kürbis den ganzen Winter. Den Berlinern schmeckt ihre Spezialität am besten zu Bratwurst in Biersoße.

500 g	Kürbis
2 EL	Essig
250 g	Zucker
250 ml	Apfelwein
1	Zitrone (unbehandelt)
	ein 3 cm großes Stück frischer Ingwer
1 Stange	Zimt
4	Nelken

Kürbis schälen, in Stücke schneiden, das weiche Innere mit den Kernen entfernen. Die Kürbisstücke in einer tiefen Schüssel mit Essig beträufeln und über Nacht ziehen lassen.
Am nächsten Tag den Zucker mit Apfelwein aufkochen. Den gut abgetropften Kürbis in die Zuckerlösung geben und kochen, bis die Stücke glasig aussehen (nicht zu weich kochen!). Die Stücke mit einer Schaumkelle vom Topf heiß in einen sauberen Steintopf oder Vorratsgläser füllen.
Zitrone und Ingwer in Scheiben schneiden, mit Zimt und Nelken in die Kürbisflüssigkeit geben. Nochmals aufkochen, dann die Flüssigkeit heiß über den Kürbis schütten.
Nach dem Erkalten mit Pergamentpapier verschließen.

Ob der Kürbis reif ist, verraten Klopfzeichen – wenn die Gartenfrucht hohl klingt, darf sie in den Kochtopf. In Steingut- oder Porzellantöpfen bleibt Eingekochtes länger frisch, weil es anders als in Gläsern lichtgeschützt bleibt. Die Kürbisstückchen sollten jedoch immer vollständig mit der Flüssigkeit bedeckt sein. Besonders gut eignen sich die Töpfe, um Gurken und Bohnen einzulegen und eigenes Sauerkraut herzustellen. Auch als Schmalztopf oder für Pflaumenmus sind Steingutgefäße dienlich.

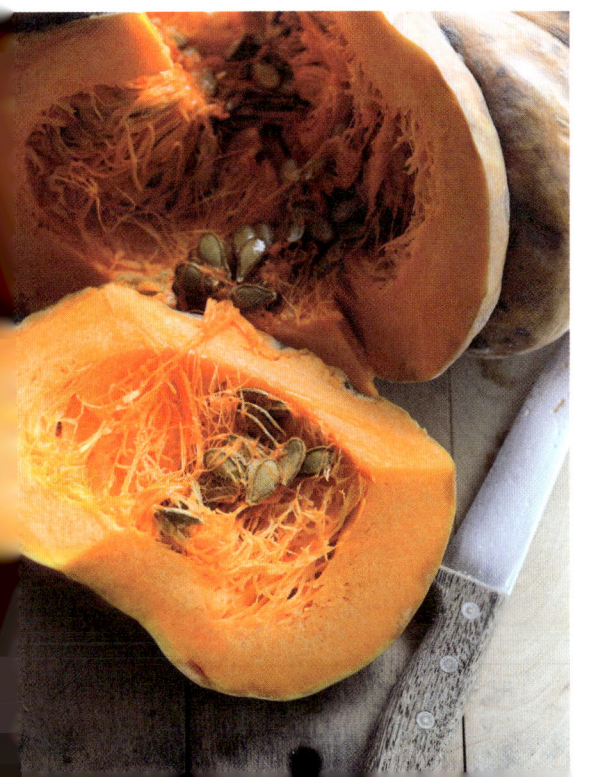

Kastaniensuppe

Eine zusätzliche Kräutereinlage aus Thymianblättchen verfeinert die sättigende, sämige Suppe aus Esskastanien. Wer nicht alles pürieren will, gart vier Maroni eine Viertelstunde getrennt in Süßwein, um sie vor dem Servieren in die fertige Suppe zu bröckeln.

Schalotten und Knoblauch schälen, fein würfeln und in der Butter anschwitzen.
Maronen halbieren und mit dem Thymian in den Topf geben. Mit Süßwein ablöschen, Geflügelfond zugeben und die Maronen in 15 Minuten weich kochen.
Danach die Sahne zugeben und einmal aufkochen lassen. Anschließend mit einem Mixstab fein pürieren und mit Pfeffer, Salz und Cayennepfeffer abschmecken.

Esskastanienbäume findet man in der Pfalz, an Nahe, Saar und Mosel, im Taunus, Odenwald und Schwarzwald. Sehr gut schmecken Maroni einfach kreuzweise eingeritzt und auf offenem Feuer oder im Ofen gebacken, aber auch als Kastanienpüree, als Füllung im Gänse- oder Entenbraten und als Beilage zu Wild.

Für 4 Personen

2	Schalotten
1	Knoblauchzehe
1 EL	Butter
150 g	Maronen, geschält und vorgegart
1 Zweig	Thymian
50 ml	Süßwein
300 ml	Geflügelfond
200 ml	Sahne
	Salz, Pfeffer aus der Mühle
	Cayennepfeffer

Sauerkrautsuppe

Für 4 Personen	
300 g	Sauerkraut
1	Zwiebel
1	Birne
2 EL	Schweineschmalz
1 l	Fleischbrühe
1	Lorbeerblatt
2	Wacholderbeeren
½ TL	Kümmel
200 g	durchwachsener Schweinebauch am Stück
1	Kartoffel
	Salz, Pfeffer aus der Mühle
3 EL	saure Sahne

Mit seinem hohen Vitamingehalt half Sauerkraut über die frischkostarme Winterzeit. Der würzige Sauerkrauteintopf mit Schweinebauch sorgt an kalten Tagen für wohlige Wärme. Zur deftigen Sauerkrautsuppe reicht man Bauernbrot und Butter.

Das Sauerkraut etwas zerpflücken. Die Zwiebel und Birne schälen, von der Birne das Kernhaus entfernen und beides würfeln. Das Schmalz erhitzen, die Zwiebel und Birne darin glasig braten. Dann das Sauerkraut mit ins Fett geben und die Brühe angießen. Lorbeer, Wacholder und Kümmel zugeben.
Schweinebauch in Stücke schneiden und in die Suppe geben. Die Suppe auf kleiner Hitze garen. Wenn das Kraut fast weich ist, die rohe Kartoffel in die Suppe reiben, dann mit Salz und Pfeffer abschmecken. Vor dem Servieren die saure Sahne unterziehen, aber nicht mehr kochen lassen.

»Gut gefrühstückt hält für den ganzen Tag, gut geschlachtet für das ganze Jahr und gut geheiratet fürs ganze Leben«, besagte eine bäuerliche Regel. Frisches Fleisch gab es kaum, und damit es haltbar wurde, pökelte man es in Salzlake. Auch das selbst gemachte, in große Tontöpfe oder Holzbottiche eingeschichtete Sauerkraut entstand durch kräftiges Einsalzen und Stampfen des frischen Kohls. Beim Pökeln von Fleisch wird dieses aber nicht nur länger haltbar, es entwickelt auch ein würziges Aroma und wird saftiger.

Ochsenschwanzsuppe

Die kräftige, sämige Suppe wärmt an kalten Wintertagen. Tipp: Das längere Zeit gegarte Fleisch wird ausgesprochen zart – etwas Cayennepfeffer, ein Esslöffel Sauerrahm und ein Gläschen Madeira verfeinern die Suppe zu einem Hochgenuss.

Für 4 Personen

500 g	Ochsenschwanz, in Stücke geschnitten
1 EL	Butter
2	Zwiebeln
4	Karotten
1	Petersilienwurzel
100 g	Sellerie
2	Lorbeerblätter
2	Nelken
10	Pfefferkörner
1 l	Gemüsebrühe
125 ml	Rotwein

Die Ochsenschwanzstücke waschen, trocknen, pfeffern, salzen und in einem heißen Schmortopf mit zerlassener Butter rundherum kräftig anbraten.

Zwiebeln schälen und achteln. Karotten, Petersilienwurzel und Sellerie schälen und in grobe Stücke schneiden. Gemüse zum Ochsenschwanz geben und mit anbraten. Gewürze zugeben und mit der Gemüsebrühe ablöschen.

Nach 90 Minuten Garzeit den Ochsenschwanz herausnehmen und das Fleisch ablösen. Gemüse durch ein Sieb passieren, mit dem Rotwein und den Ochsenfleischstückchen in die Brühe geben. Noch einmal aufkochen lassen und heiß servieren.

Wurde früher nach der Hausschlachtung selbstverständlich das ganze Tier verspeist, erhält man heute Ochsenschwanz, süddeutsch Ochsenschweif, beim Schlachter oder an der Fleischtheke meist nur auf Vorbestellung. Für die Zubereitung wird er zwischen den Wirbeln zerteilt. Nach der Garzeit lässt sich das Fleisch ganz leicht von den Knochen lösen. Die Brühe erhält durch das Mitgaren der Knochen und durch die Röststoffe vom Anbraten ein intensives Aroma und eine kräftig braune Färbung, das im Bindegewebe enthaltene Kollagen macht die Suppe sämig.

Steckrübeneintopf

Wruken, Bruken oder Kohlrüben werden Steckrüben auch genannt, die als Notnahrung in der Kriegs- und Nachkriegszeit eher als »Schreckensrüben« verpönt waren. Damals ging es nur um Sättigung, heute auch um Genuss: Denn mit dem richtigen Rezept lässt sich das Wintergemüse in einen köstlichen Eintopf verwandeln. Dazu passt frisch geriebener Meerrettich oder scharfer Senf.

Zwiebel schälen und würfeln, mit den Gewürzen im Schmalz anschwitzen. Mit Fleischbrühe ablöschen. Karotten und Steckrüben schälen, würfeln und mit dem Majoran in die Brühe geben. Nach 30 Minuten die geschälten Kartoffeln in den Topf geben und weitere 20 Minuten garen.
Den Eintopf mit Salz, Pfeffer und Zucker abschmecken. Fleisch in das Gemüse legen und erwärmen, den Eintopf heiß servieren.

 Die bis zu drei Pfund schwere Rübe ist vitamin- und mineralstoffreich und kann nicht nur als Suppe zubereitet werden. Auch als Püree, im Salat oder in der Pfanne gebraten ist sie eine würzige Beilage. Anstatt des Kasslers kann der Eintopf auch mit Gänsefleisch und Gänseschmalz gekocht werden. Das schmeckt besonders delikat und folgt der ostpreußischen Redensart: »Bruken sind gut schlucken, wenn sie im Fett hucken«.

Für 4 Personen

1	Zwiebel
5	Pfefferkörner
1	Lorbeerblatt
1 EL	Schweineschmalz
1 l	Fleischbrühe
3	Karotten
1 kg	Steckrüben
1 TL	Majoran
750 g	Kartoffeln
	Salz, Pfeffer aus der Mühle
	Zucker
4	Scheiben Kassler (à 200 g)

Gänse-Schwarzsauer

Swartsür gab es traditionell am Schlachttag, und der Name Schwarzsauer leitet sich von der dunklen Farbe des Bluts her, mit dem das Gericht früher in Ostfriesland, Schleswig-Holstein und Mecklenburg zubereitet wurde. Das ebenfalls in Norddeutschland, Mecklenburg-Vorpommern und Berlin bekannte Gänse-Weißsauer dagegen ist eine Geflügelsülze.

Für 4 Personen

Schwarzsauer:

1	Gänseklein
50 g	getrocknete Birnen
50 g	getrocknete Pflaumen
	Salz
1	Zwiebel
1 Bund	Suppengemüse
1 Zweig	Majoran
1	Lorbeerblatt
1	Nelke
1 Stange	Zimt
2	Nelken
1	unbehandelte Zitrone, Abrieb
125 ml	Rotwein
	Zucker
2 EL	Weinessig

Am Vortag wird das Trockenobst, knapp mit Wasser bedeckt, eingeweicht.

Das Gänseklein putzen und in einem Topf mit einem Liter kaltem Salzwasser erhitzen. Zwiebel halbieren, mit dem Suppengrün und den Majoran, Lorbeer und Nelke zum Gänseklein geben. In 2–3 Stunden das Fleisch weich kochen. Gänseklein mit einem Schaumlöffel aus dem Topf heben und warm stellen. Das nun weiche Trockenobst mit Zimt, Nelken und Zitronenschale in die Gänsebrühe geben und noch einmal 20 Minuten kochen. Rotwein, Zucker, Weinessig zugeben und abschmecken. Der Geschmack soll in das Süßsaure gehen.

Inzwischen aus dem Mehl, Ei, Salz, Zucker, Butter und der Milch einen Teig herstellen. Mithilfe von zwei befeuchteten Teelöffeln kleine ovale Klößchen daraus formen und in die heiße, aber nicht kochende Gänsebrühe geben. Sobald sie oben schwimmen, sind sie gar. Das Gänseklein wieder zufügen und die Suppe heiß servieren.

Auf dem Bauernhof hatten selbst die Kinder ihre Pflichten und mussten in Haus, Garten und Feld zur Hand gehen. Oft gehörte das Gänsehüten zu ihren Aufgaben – nicht umsonst gehört »Fuchs, du hast die Gans gstohlen« zu den bekanntesten Kinderliedern. Morgens trieben die Bauernkinder die Tiere zur Gänseweide und brachten sie abends zum Hof zurück. Regelmäßig wurden die Gänse gerupft und die Daunenfedern zum Kissennachfüllen verwendet.

Klößchen:

150 g	Mehl
1	Ei
½ TL	Salz
1 Prise	Zucker
1 TL	Butter
50 ml	Milch

Kartoffelklöße

Aus dem Wintervorrat der Bauern stammen die vielen Kartoffelrezepte. Ein berühmter Klassiker in Thüringen sind hausgemachte Kartoffelklöße, in Bayern heißen sie Kartoffelknödel. So viele unterschiedliche Rezepte es gibt – »rohe« oder »grüne« Klöße müssen zu zwei Dritteln aus rohen Kartoffeln zubereitet werden.

Für 4 Personen

8	mittelgroße Kartoffeln, roh
2 EL	Milch
4	mittelgroße Kartoffeln, gekocht
1 TL	Salz
2	Weißbrotscheiben
1 EL	Butterschmalz
2	ganze Eier
1 EL	Mehl

Die rohen Kartoffeln schälen und in eine Schüssel mit etwas Wasser reiben. Die geriebene Kartoffelmasse in ein Tuch geben und auspressen, dabei den Saft auffangen. Den Saft kurz stehen lassen, dann Wasser abschütten, sodass die Stärke übrig bleibt.
Milch zum Kochen bringen und über die Kartoffelmasse geben. Gekochte Kartoffeln schälen, in Scheiben schneiden. Weißbrot in kleine Würfel schneiden und in einer Pfanne mit Butterschmalz goldbraun braten. Gekochte Kartoffeln, Eier, Mehl und die aufgefangene Stärke zur Masse geben und alles vermengen.
In einem großen Topf Wasser mit Salz zum Kochen bringen. Klöße formen und in die Mitte Brotwürfel drücken. Die Klöße vorsichtig in das heiße Wasser geben, das Wasser darf nicht kochen. Nach etwa 20 Minuten steigen die Klöße auf und sind fertig zum Servieren.

Ob als Grumbeere, Grombiera, Erdapfel, Erpel, Erpfl oder Tüfte – seit ihrer Einführung in Europa verdrängte die Kartoffel in der Bauernküche die vorher üblichen Getreidebreie. Kartoffeln sind einfach zuzubereiten und bieten ein wohlschmeckendes und sättigendes Essen. Und hatte man die Ernte kühl, trocken und dunkel im Keller gelagert, so gab es den ganzen Winter über etwas zu essen.

Waldpilzragout mit Semmelknödeln

Ein urbayrisches Schmankerl ist der Knödel – und Favorit unter den unzähligen Varianten der Semmelknödel. Der passt nicht nur zum Schweinebraten, sondern überzeugt auch zu Waldpilzen in Sahnesoße. In das Pilzragout passen beispielsweise Maronen, Steinpilze, Pfifferlinge, Netzstieliger Hexenröhrling, Birkenröhrling und Reitzger ...

Für 4 Personen

Semmelknödel:

6–8	altbackene Brötchen oder 300 g Knödelbrot
250 ml	Milch
1	Zwiebel
1 EL	Öl
3	Eier
	Salz, weißer Pfeffer aus der Mühle
	Muskat
3 EL	gehackte Petersilie

Ragout:

1 kg	gemischte Waldpilze
4 EL	Olivenöl
2	Knoblauchzehen, Salz, Pfeffer
250 ml	süße Sahne
	Petersilie, fein gehackt

Die Semmeln in Scheiben schneiden, mit lauwarmer Milch übergießen und 10 Minuten ziehen lassen. Die Zwiebel schälen, fein würfeln, in einer heißen Pfanne in dem Öl goldgelb braten. Mit Eiern, Salz, Pfeffer, Muskat und der Petersilie zur Semmelmasse geben. Alles zu einem gleichmäßigen, nicht zu festen Teig kneten. Eine dicke Rolle formen, in acht gleich große Scheiben schneiden, Hände mit Wasser anfeuchten und Knödel formen.

Die Semmelknödel in einem großen flachen Topf mit kochendem Salzwasser bei geringer Hitze in 15–20 Minuten gar ziehen lassen. Darauf achten, dass das Wasser nicht köchelt.

Die Pilze putzen, halbieren, vierteln oder in Scheiben schneiden. In einer Pfanne das Öl erhitzen, Pilze zugeben und 5 Minuten ohne Deckel braten, mit Salz und Pfeffer würzen und mit geschlossenem Deckel 10 Minuten weitergaren. Knoblauch schälen, fein hacken und zugeben, mit 250 Milliliter Wasser und der Sahne ablöschen. Noch 5 Minuten ziehen lassen und mit der Petersilie bestreuen.

🍄 In Süddeutschland heißen die aromatischen Hutträger eben auch deswegen »Schwammerl«, weil sie sich schnell mit Wasser vollsaugen und dann fade schmecken. Zum Putzen daher keinesfalls mit Wasser waschen, sondern nur mithilfe eines Pinsels von Erde und Schmutz befreien. Pilze sind generell schwer verdaulich, daher entstehen die relativ langen Garzeiten.

Ente mit Zwiebeln

Aus Hessen stammt das rustikale Entenrezept. Das Geflügel wird aber nicht mit Äppelwoi, sondern mit Rotwein zubereitet, am besten mit einem Spätburgunder. Dazu passen Kartoffelklöße und Rotkohl oder eingelegte Rote Bete.

Die Ente waschen, trocken tupfen und innen und außen salzen. Den Speck in Streifen schneiden. Das Suppengrün putzen, waschen und in große Stücke schneiden.

Den Speck in einem Bräter auslassen, die Ente darin anbraten, das Suppengrün zugeben und kurz mitbraten, dann mit etwas heißer Fleischbrühe ablöschen. Die Pfefferkörner und Lorbeerblätter zufügen. Die Ente bei geschlossenem Deckel so lange garen (etwa 2 Stunden), bis sie unten braun ansetzt. Dann aus dem Schmorsaft nehmen und auf einer vorgewärmten Platte im vorgeheizten Backofen auf 50 °C warm halten.

Die Zwiebeln schälen und in grobe Ringe schneiden. Den Schmorsaft entfetten, die Zwiebelringe darin weich dünsten, herausnehmen und beiseitestellen. In den Schmorsaft das Mehl einrühren und gut durchschwitzen, mit der Fleischbrühe ablöschen. Den Wein, einen Schuss Essig und die abgeriebene Zitronenschale zugeben und etwas einkochen.

Die Soße vor dem Servieren durch ein Sieb in einen Topf gießen, vorsichtig mit Zitronensaft abschmecken. Die Zwiebeln in die Soße geben und darin wieder erhitzen, dann die Zwiebeln auf der Ente servieren.

Für 3 Personen

1	Ente (etwa 2 kg), küchenfertig vorbereitet
	Salz
250 g	roher Speck
1 Bund	Suppengrün
1 l	Fleischbrühe
1 TL	Pfefferkörner
2	Lorbeerblätter
4	Zwiebeln
1 EL	Mehl
500 ml	Fleischbrühe
125 ml	Rotwein
	Essig
1	Zitrone, Saft und Abrieb

Rotkohlgemüse

Rotkohl, im Süden Deutschlands auch Blaukraut genannt, ist im Frühjahr zart und mild, im Herbst fest und würzig. Wird beim Kochen Säure zugesetzt, beispielsweise Wein oder Zitronensaft, färbt der Kohl sich rot, ohne bleibt er blau.

Für 4 Personen

1 kg	Rotkohl
1	Zwiebel
3 Stängel	Petersilie
30 g	Butter
2 TL	Zucker
1 EL	Kümmel
	Salz, Pfeffer aus der Mühle
250 ml	Gemüsebrühe
2 EL	Zitronensaft

Den Rotkohl vierteln und von den äußeren Blättern befreien. Strunk keilförmig entfernen. Rotkohl waschen und fein hobeln. Zwiebel und Petersilie hacken.

Butter erhitzen, Zucker darin bei starker Hitze unter Rühren leicht anbräunen. Kohl, Zwiebel, Kümmel, Salz und Pfeffer zugeben und einige Sekunden mit anrösten.

Mit der Brühe aufgießen, aufkochen lassen und bei mittlerer Hitze 20 Minuten weich garen. Mit Zitronensaft abschmecken und mit Petersilie vermischt servieren.

Im Herbst rollen die Köpfe – Ernteschluss für Rotkohl ist Ende November. Denn Frost verträgt das gesunde, vitamin- und mineralreiche Wintergemüse nicht. Spätestens an Buß- und Bettag müssen die Felder leer sein. Geerntet wird von Hand: mit einem scharfen gebogenen Messer schneiden die Bauern jeden Kohlkopf vom Strunk. Egal ob rot, grün oder weiß: Damit der Vorrat bis ins nächste Frühjahr frisch bleibt, müssen die von losen Blättern befreiten Köpfe kühl gelagert werden.

Gefüllter Kohl

Kappes heißt Kohl am Niederrhein, und hier finden sich entsprechend viele Rezepte für Weißkohl und Wirsing. Besonders gut passen Hack und eine würzige Biersoße zum gefüllten Kohlkopf. Dazu schmecken Salzkartoffeln oder ein selbst gemachtes Kartoffelpüree.

Für 4 Personen

Gefüllter Kohl:

1	kleiner Wirsing
500 g	Rinderhackfleisch
1	altbackenes Brötchen
1	kleine Zwiebel
2	Knoblauchzehen
2	Eier
	Muskat
	Salz, Pfeffer aus der Mühle

Biersoße:

150 ml	Dunkelbier
100 g	durchwachsener Speck
50 g	Rosinen
200 ml	Sahne
½	Bund Petersilie
30 g	Butter
30 g	Mehl

Das Innere des Wirsings so heraustrennen, dass die schönen äußeren Blätter als Hülle stehen bleiben. Den Strunk unten nur ein wenig abschneiden, da er die Blätter zusammenhält. Das Innere des Wirsings halbieren und die eine Hälfte fein schneiden (die andere Hälfte für ein anderes Gericht verwenden).

Das Brötchen in kaltem Wasser einweichen. Die Zwiebel und den Knoblauch schälen und fein würfeln. Hackfleisch in eine Schüssel geben und das ausgedrückte Brötchen, den geschnittenen Wirsing, Zwiebeln, Knoblauch und die Eier untermischen. Mit Muskat, Salz und Pfeffer kräftig würzen.

Die Fleischmasse in die Kohlkopfhülle füllen und die Blätter darüberschlagen. Den gefüllten Kohlkopf mit einer Bratenschnur kreuzweise binden, in eine feuerfeste Form geben und im vorgeheizten Backofen bei 160 °C 60–70 Minuten garen.

Für die Biersoße die Rosinen in Bier einweichen, die Sahne leicht cremig schlagen. Den Speck fein würfeln und in einer Pfanne auslassen. Petersilie waschen und fein hacken. Die eingeweichten Rosinen in ein Sieb geben und das Bier in einem Schüsselchen auffangen.

20 Gramm Butter schmelzen, das Mehl darin anschwitzen und mit dem Bier ablöschen. Rosinen, Speck und die Sahne zugeben. Mit Muskat, Salz und Pfeffer abschmecken und mit der gehackten Petersilie verfeinern.

Ist der Kohlkopf gar, aus der Alufolie wickeln und mit etwas flüssiger Butter bestreichen, damit die Blätter schön glänzen. Stücke herausschneiden und mit der Biersoße servieren.

Von Rotkohl und Weißkohl über Wirsing bis Rosenkohl reicht das Spektrum der Kohlgewächse, die vor allem im Winter in der Bauernküche für Abwechslung sorgen. Der kraus gewellte Wirsing wird auch als milder Früh- und Sommerkohl angebaut. Die robusten Spätsorten des Herbst- und Winterwirsing sind so widerstandsfähig gegen Frost, dass sie über Winter auf dem Feld stehen bleiben können.

Zwiebelkuchen

Frisch aus dem Ofen schmeckt dieser herzhafte schwäbische Blechkuchen am besten.

Die lauwarme Milch mit der zimmerwarmen Butter, Mehl und einer guten Prise Salz in eine Schüssel geben und die Hefe darüber zerbröckeln. Die Zutaten gut mischen und einen glatten, geschmeidigen Teig daraus kneten. Den Teig zugedeckt an einem warmen Ort 20 Minuten gehen lassen.
Die Zwiebeln schälen und in Würfel schneiden. Zwei Esslöffel Öl in einem großen Bräter erhitzen, die Zwiebelwürfel darin glasig braten, dann abkühlen lassen.
In einer Schüssel die Sahne und die Eier verquirlen, mit Salz, Pfeffer und Kümmel würzen und die Zwiebeln zufügen. Den gegangenen Teig noch einmal kurz durchkneten und dünn ausrollen. Ein Backblech mit Butter fetten, den Teig hineinlegen und einen hohen Rand hochziehen. Die Eier-Zwiebel-Masse einfüllen. Den durchwachsenen Speck in Würfel schneiden und darüberstreuen. Den Kuchen im vorgeheizten Backofen bei 180 °C 1 Stunde backen, bis er an der Oberfläche goldbraun wird, und heiß servieren.

Für ein kleines Backblech (etwa 30 x 40 cm)

125 ml	Milch
50 g	Butter
250 g	Mehl, Type 550
	Salz
20 g	Hefe
1,5 kg	Zwiebeln
2 EL	Rapsöl
3	große Eier
200 g	saure Sahne
	Pfeffer aus der Mühle
2 EL	Kümmel
	Butter für die Form
150 g	durchwachsener Speck

🌼 Typisch für die Bauernküche ist Hefeteig, für süße und salzige Blechkuchen, Schmalzgebäck und den österlichen Hefezopf. Alle Zutaten sollten Raumtemperatur haben – sind sie zu kalt, geht der Teig nicht richtig auf, ist die Milch zu heiß, stirbt die Hefe ab. Der Rest ist unkompliziert, erfordert nur etwas Geduld. Ein guter Hefeteig muss gründlich durchgeknetet werden und Zeit zum Gehen haben.

SALZIGE KUCHEN

Fisch-Pichelsteiner

Der Pichelsteiner ist ein Eintopf aus verschiedenen Fleisch- und Gemüsesorten und kann auch mit Fisch zubereitet werden.

Für 4 Personen

1 kg	Fischfilet: Schleie, Waller, Forelle …
250 g	Kartoffeln
250 g	Karotten
250 g	Sellerieknolle
1 große	Zwiebel
3 l	Schmalz oder Butter
	Salz, Pfeffer aus der Mühle
1 TL	gemahlener Koriander und Fenchelsamen
2	Lorbeerblätter
500 ml	Fischbrühe

Fischfilets von den Gräten befreien, waschen, abtrocknen und in mundgerechte Stücke schneiden. Kartoffeln schälen und in dünne Scheiben schneiden. Das Gemüse schälen und putzen, Karotten und Sellerie in fein Stifte, Zwiebel in dünne Scheiben schneiden. Einen Topf mit sehr dicht schließendem Deckel ausfetten und die Zutaten lagenweise darin schichten. Die oberste Lage soll aus Kartoffeln bestehen. Jede Lage salzen und pfeffern. Gewürze und Fischbrühe dazugeben. Restliches Fett in Flöckchen aufsetzen, den Topf verschließen im 180 °C heißen Ofen gut 45 Minuten schmoren lassen.

Fischteiche waren meist Eigentum von Klöstern und Adligen, hin und wieder wurden sie gegen Abgaben auch verpachtet. Fisch blieb eine Speise höfischer und bürgerlicher Gesellschaftskreise und trotz des reichen Angebots in Flüssen und Seen wurden Fischspeisen in der bäuerlichen Küche nie recht heimisch. Nicht einmal in den ländlichen Pfarrhäusern kam regelmäßig Fisch auf den Tisch – und an den vielen Fastentagen aß man Mehlspeisen.

Seehecht-Kartoffelauflauf

Fisch und Kartoffeln passen gut zusammen, das zeigen die vielen Rezepte für die unterschiedlichsten Zubereitungen. In diesem Kartoffelauflauf bringt Sauerkraut eine säuerliche Note ein.

Kartoffeln schälen, in einem Kochtopf mit Wasser bedeckt gar kochen, dann in Scheiben schneiden. Hecht in Salzwasser 15 Minuten gar kochen, in Stücke zerteilen und von Gräten befreien.

Einen kleinen Bräter mit einem Esslöffel Butter ausstreichen, den Boden mit Kartoffelscheiben belegen, gekochtes Sauerkraut darübergeben, dann mit Seehechtstücken belegen, salzen und pfeffern. Nach und nach diese Schichtung im Bräter vornehmen, bis zuletzt die Kartoffeln die oberste Schicht bilden. Sahne darübergeben, mit Semmelbröseln bestreuen und aus dem Rest der Butter Flöckchen schneiden und den Kartoffelauflauf belegen. Im vorgeheizten Backofen in 20 Minuten bei 160 °C goldbraun backen.

Für 4 Personen

6	mittelgroße festkochende Kartoffeln
1 Stück	Hecht (ca. 800 g)
1 EL	Butter
	gekochtes Sauerkraut
	Salz, Pfeffer aus der Mühle
200 ml	süße Sahne
	Semmelbrösel
	Butter

Fällt das Laub
recht bald,
wird der Herbst
nicht alt.

Sitzen die
Birnen fest am Stiel,
bringt der Winter
Kälte viel.

Viel Eicheln im
September,
viel Schnee
im Dezember.

Blühen im November die Bäume aufs Neu, währet der Winter bis zum Mai.

Fischbuletten

Fein geriebene Zwiebel macht die Fischfrikadellen schön würzig. Zu den selbst gemachten Heringsbuletten passen saure Sahne und Kartoffelpüree oder Salzkartoffeln und Gurkensalat.

Heringsfilet unter kaltem Wasser waschen, trocken tupfen und in sehr feine Würfel hacken oder durch den Fleischwolf drehen. Die Fischmasse mit 50 Gramm Paniermehl, der fein geriebenen Zwiebel und dem Ei vermengen und mit Salz und Pfeffer würzen.
Runde, leicht flach gedrückte Klopse formen, in dem Rest der Semmelbrösel wenden und im heißen Butterschmalz braun braten.

Für 4 Personen

2	grüne Heringsfilets (oder andere Fischfilets)
80 g	Paniermehl
1	Zwiebel, gerieben
5 EL	süße Sahne
1	Ei
30 g	Butterschmalz
	Salz
	Pfeffer aus der Mühle

Freitags Fisch – diese Regel erinnert noch daran, dass es in vielen Gegenden für die einzelnen Wochentage einen feststehenden Speisezettel mit regelmäßig wiederkehrenden Alltagsspeisen gab. Weil zumindest unter Katholiken freitags gefastet wurde, bürgerte es sich ein, an diesem Tag Mehlspeisen und Fischgerichte zuzubereiten.
Bis heute bekannt ist auch der »Sonntagsbraten«. Am einzigen Ruhetag der arbeitsamen Woche ging die ganze Familie zur Kirche. Oft blieb nur eine Person im Haus, um es zu bewachen und das Mittagessen vorzubereiten – im Gegensatz zur schmalen Kost an den Werktagen durfte das ein echter Sonntagsschmaus sein.

Hasenragout mit Pfifferlingen

Der Hasenpfeffer schmeckt auch ohne Pilze gut, doch mit frischen Pfifferlingen wird er zum Hochgenuss. Dazu passen Spätzle genauso gut wie Kartoffelstampf oder Salzkartoffeln.

Für 4 Personen

800 g	Hasenfleisch ohne Knochen
	Salz, Pfeffer aus der Mühle
1 EL	Mehl
150 g	durchwachsener Speck
1 Bund	Suppengemüse
2	Zwiebeln
750 ml	Rotwein
250 ml	Fleischbrühe
1 Stück	Schwarzbrot (Pumpernickel) oder Lebkuchen
1	Zitrone, Saft
4	Lorbeerblätter
3	Nelken
6	Wacholderbeeren
250 g	Pfifferlinge
4 Zweige	Thymian

Hasenfleisch in grobe Würfel schneiden, salzen, pfeffern und mit Mehl bestauben. Speck in Würfel schneiden. Suppengemüse putzen, Zwiebeln schälen und alles in Stücke schneiden.

Speck in einer großen, tiefen Pfanne anrösten. Wenn er beginnt braun zu werden, Suppengemüse und Zwiebeln hineingeben. Das Fleisch zufügen und alles bei großer Hitze anbraten. Mit Rotwein und Brühe ablöschen. Brot, Zitronensaft und Gewürze zum Ragout geben und im verschlossenen Topf 45 Minuten sanft köcheln lassen.

Pfifferlinge putzen und 15 Minuten vor Ende der Garzeit mit in das Hasenragout geben. Mit Thymian garnieren.

Quittenbrot

Quittenbrot ist eingedicktes und getrocknetes Quittenmus. Für das fruchtige Konfekt braucht man nur etwas Geduld.

Quitten, Äpfel und Birnen mit einem sauberen Tuch gründlich abreiben. Stiel und Blütenansatz entfernen und die Früchte samt Kerne in grobe Stücke schneiden.
Dann die Fruchtstücke in einem Topf mit Wasser, knapp bedeckt, zum Kochen bringen, bis sie so weich wie gekochte Kartoffeln sind. Alle Früchte aus dem Kochwasser nehmen und portionsweise durch ein feines Sieb passieren (oder mithilfe einer Flotten Lotte). Das Früchtemus abwiegen, mit der gleichen Menge an Zucker vermischen und ohne Deckel 1–2 Stunden unter Rühren einkochen. So wird das Mus zu einem festen, rötlichen Teig.
Blechförmchen oder Form mit Zitronensaft ausstreichen, Teig hineingeben und am nächsten Tag stürzen. Falls sich das Quittenbrot schlecht aus der Form stürzen lässt, bei geringer Wärme im Backofen weiter trocknen lassen.

10	Quitten
5	Äpfel
5	Birnen
	Zucker
1	Zitrone, Saft

Heute kennt man Quitten fast nur noch als Gelee. Seit die feinherben Früchte auf Märkten wieder zu finden sind, kommen auch alte Rezepte zu neuen Ehren. Üblicherweise ließ man die Quittenpaste im Wäscheschrank trocknen, bis sie schnittfest war. Die Leinenwäsche entzog dem Quittenbrot die Feuchtigkeit.

Holundersuppe

Die süße Suppe aus fruchtigem Holunder, auch Fliederbeeren oder Hollerbeeren genannt, wird heiß als Nachspeise serviert, eignet sich im Sommer aber auch gut als erfrischende Kaltschale. In Sachsen wird sie gerne mit Äpfeln und Birnen gekocht und mit Eischneehäubchen, den Plauener Spitzen, verziert.

Für 4 Personen

500 g	Holunderbeeren
125 ml	Rotwein
	etwas Zimt
150 g	Zucker
1 EL	Stärkemehl
250 ml	Milch
2	Brötchen
50 g	Butter

Die Holunderbeeren waschen und von den Rispen abzupfen. Den Rotwein mit einem halben Liter Wasser und den Holunderbeeren, etwas Zimt und dem Zucker 30 Minuten bei niedriger Hitze köcheln.

Die Stärke mit etwas Milch glatt rühren, nach und nach die restliche Milch hinzufügen, die Mischung in die Holundersuppe rühren und nochmals 15 Minuten kochen.

Die Brötchen in Scheiben schneiden und diese in einer heißen Pfanne mit der zerlassenen Butter knusprig braten.

Die Brötchenscheiben in tiefe Teller verteilen und die heiße Suppe darübergießen und servieren.

Früher war der vitaminreiche Holundersaft ein beliebtes Hausmittel gegen Erkältungen und bei Magenbeschwerden, Rheuma und Ischias. Holunder wurde für die Hausapotheke sehr geschätzt – aus den getrockneten Blüten konnte ein schweißtreibender Tee bei Erkältungen zubereitet werden, die Blätter verwendet man bei Nierenstörungen. Ein Blatt- und Wurzelsud diente zur Blutreinigung, die Beeren wirken mild abführend.

Dörrpflaumen-Walnussschnitten

Aus der Kombination von Dörrpflaumen und Walnüssen wird eine saftige Süßigkeit, die umso besser schmeckt, je länger sie durchzieht.

250 g	entsteinte Dörrpflaumen
150 g	Zucker
1	Vanilleschote, ausgekratztes Mark
100 g	Walnusskerne
1	Schuss Rum
1	Spritzer Zitronensaft
	etwas Zucker

Die Dörrpflaumen durch einen Fleischwolf drehen. Zucker, drei Esslöffel Wasser und Vanillemark zum Kochen bringen. Die Pflaumen dazugeben und unter ständigem Rühren bei schwacher Hitze 15–20 Minuten kochen. Mit Zitronensaft und Rum abschmecken. Vom Feuer nehmen und die Walnusskerne unterrühren.
Auf ein Stück Küchenfolie etwas Zucker streuen, die Pflaumenmasse daraufgeben und das Ganze zu einer Rolle formen. In der Küchenfolie gut verpackt und kühl gelagert hält sie einige Wochen. Zum Servieren in dünne Scheiben schneiden.

Zwischen Hühnerstall und Scheune wuchs einst so mancher Walnussbaum und Haselnussstrauch, weitere Bäume pflanzten die Bauern an Wegen und Feldrändern. Ein Teil der Walnussernte wurde getrocknet, ein Teil auch verkauft und bildete so eine nicht unerhebliche Einnahme für den Hof. Bei finanziellen Nöten mussten die Bäume allerdings häufig als »Sparkasse« herhalten, da für das Holz hohe Preise erzielt werden konnten. So wurden im Laufe der Zeiten viele alte Walnussbäume gefällt, sodass er als typischer Hausbaum kaum noch anzutreffen ist.

Hefekrapfen

Dafeide Erdäpfel, »gefaulte Kartoffeln«, heißen die in Fett gebackenen Krapfen, weil sie innen eine Pflaumenfüllung enthalten und von außen aussehen wie schrumpelige Kartoffeln.

Für 4 Personen	
25 g	Hefe
500 g	Mehl
250 ml	Milch
1	Prise Salz
80 g	Butter
75 g	Zucker
5	Eier
125 g	Backpflaumen
1 EL	Zucker
1 TL	gemahlene Nelken
1 TL	gemahlener Zimt
2	Eier
	Zimt und Zucker
	Fett zum Ausbacken

Hefe in 250 Milliliter warmer Milch und etwas Zucker aufgehen lassen.

Mehl in eine Schüssel sieben, Hefemilch, die Prise Salz, den restlichen Zucker, Eier und Butter dazugeben, zu einem Teig verarbeiten und 20–30 Minuten gehen lassen.

Für die Füllung die Trockenpflaumen mit etwas Wasser (Topfboden sollte bedeckt sein), Zucker, Nelken und Zimt zu einem Mus kochen.

Vom Hefeteig kleine Bällchen abstechen, flach drücken und mit einem Teelöffel Pflaumenmus füllen. Den Teig zum Verschließen wieder darüberschlagen. Die Bällchen nochmals 20 – 30 Minuten zugedeckt gehen lassen.

Die Krapfen im schwimmenden Fett ausbacken, bis sie schön braun sind. Noch heiß in den restlichen verquirlten Eiern wenden und noch einmal kurz ins heiße Fett geben, warm im Zimt-Zucker-Gemisch wenden.

Winter

Die Felder sind abgeerntet, nur winterhartes Wurzelgemüse, Kohl und Rüben halten sich im Boden oder vertragen sogar Frost. Topinambur, Pastinake oder Schwarzwurzeln können von Januar bis weit in den Frühling hinein geerntet werden, auch Grünkohl, Spinat, Feldsalat, Rote Bete und Lauch gibt es in der kalten Jahreszeit.

Das Bauernleben im Winter

Martinstag

Der 11. November galt im Bauernjahr als Winterbeginn – zu Martini kam das Vieh von der Weide, der Bauer zog sich auf seinen Hof zurück, Hirten erhielten ihren Jahreslohn, zum Teil in Naturalien, der Grundherr seine Abgaben.

Dezember – Januar – Februar

Ist alle Feldarbeit getan, geht es für die Männer noch in den Wald: Wenn es das Wetter in den Wintermonaten erlaubt, müssen Holz und Reisig beschafft werden. Für den Holzschlag gab es viele Bauernregeln, ob nun für Brennholz oder den Fachwerkbau: »Wer sein Holz nach Weihnachten fällt, dessen Gebäude zehnfach hält« gehört dazu, aber auch dass man Brennholz vor der Wintersonnenwende bei zunehmendem Mond machen solle, da es dann die größte Heizkraft habe oder »In Kästen und Truhen aus Holz, das in den letzten zwei Freitagen des März eingeschlagen wurde, halten sich keine Motten und keine Würmer«.

Viel Arbeit fiel im Haus an, vom jährlichen Kalken der Wände bis zur Reparatur von Geräten und Flicken der Kleidung. In der vom Ofen geheizten Stube war es heimelig genug, um Federn zu schleißen, Flachs zu brechen, zu spinnen und zu weben.

Hausschlachtung

Der Winter ist auch die Zeit, um ein Schwein zu schlachten, denn bei Frost verdirbt das Fleisch nicht so schnell. Nach dem Zerlegen und Ausnehmen beginnt das Wurstmachen und Schmalzauslassen, Speckschneiden, Einpökeln und Einkochen. Die besten Stücke werden als Schinken luftgetrocknet oder geräuchert, Leber- und Blutwurst in Sud gekocht. Überall war die Brühe, in der Würste, Fleischstücke und Innereien gegart wurden, etwas Besonderes. Am Ende eines arbeitsreichen Schlachttags wurde die »Metzelsuppe« an Helfer und Nachbarn ausgeschenkt. Schlachteten die Nachbarn, gab es auch umgekehrt wieder Suppe. So ein Geben und Nehmen hatte unschätzbare Vorteile, da frische Würste und Kesselfleisch nur begrenzt haltbar waren.

Linsengemüse mit Bratwurst

Statt Bratwurst passt auch Kassler zu diesem sauren Linsengemüse. Besonders gut eignen sich für dieses Rezept die feinen Linsen von der Schwäbischen Alb.

Für 4 Personen	
250 g	Linsen
2	Zwiebeln
2 EL	Schmalz
1	Karotte
	Salz, Pfeffer aus der Mühle
1 EL	Mehl
250 ml	herber Weißwein
2 EL	Essig
2 EL	geriebener Meerrettich
4	Gewürzgurken
4	hart gekochte Eier
8	Paar rohe Bratwürste

Linsen über Nacht in kaltem Wasser einweichen.
Eine Zwiebel und die Karotte schälen, fein würfeln und in einem Esslöffel Schmalz glasig dünsten. Abgeseihte Linsen dazu geben, mit Wasser bedecken, mit Salz leicht würzen und etwa 30 Minuten weich kochen.
Das Mehl im restlichen Schmalz braun anschwitzen. Mit Wein ablöschen, die Linsen zufügen und mit Pfeffer, Essig, Salz und Meerrettich abschmecken.
Die zweite Zwiebel schälen und fein reiben. Zwiebel, Gewürzgurke sowie die halbierten Eier zu den Linsen servieren. Die Bratwürste auf beiden Seiten braun braten und auf den Linsen anrichten.

Das Einweichen verkürzt die Kochzeit der Hülsenfrüchte. Dass Linsen hart werden, wenn man sie mit Salz kocht, ist falsch. Nur Wein oder Essig darf erst zu den weichen Linsen gegeben werden, sonst kochen sie tatsächlich stundenlang und bleiben trotzdem hart.

Bauernpastete

Die Leberpastete wird mit Blattsalat und Bauernbrot zur deftigen Mahlzeit. Geöffnet hält sie sich bis zu einer Woche im Kühlschrank.

Für 4 Personen

500 g	Schweineleber
400 g	Schweinefleisch
300 g	durchwachsener Speck, nicht geräuchert
3	mittelgroße Zwiebeln
3	Karotten
1 EL	Schweineschmalz
	Salz, Pfeffer aus der Mühle
1 TL	gemahlener Koriander
3 EL	Weinbrand
125 ml	Weißwein
1 Bund	Petersilie
	Lorbeerblätter
	Pfefferkörner

Leber, Fleisch und Speck durch den Fleischwolf drehen und gut würzen.

Die Zwiebeln und Karotten schälen und in sehr feine Würfel schneiden. Gemüse im Schmalz kurz andünsten und zur Fleischmasse geben. Ebenso die gehackte Petersilie unterheben und mit den Gewürzen würzen. Mit Weinbrand und Weißwein abschmecken.

Die Masse in Weckgläser füllen und oben mit Lorbeer und Pfefferkörnern abschließen. Die Gläser verschließen und im vorgeheizten Ofen bei 180 °C in einem Wasserbad etwa 1 Stunde zugedeckt garen. Die Leberpastete ist gar, wenn der beim Einstechen austretende Saft klar ist.

Brotsuppe

Brotsuppen gehören zu den verbreitetsten Gerichten in ländlichen Haushalten. Im Fränkischen wird diese Brotsuppe »Wasserschnalzen« genannt. In Thüringen kommt noch eine Leberwurst hinein, dafür entfallen die Eier, im Rheinland gibt man Mettwürstchen in die Suppe.

Die Zwiebeln schälen und in dünne Spalten schneiden. Die Butter zerlassen, die Zwiebelspalten darin glasig braten. Die Brühe zugießen und auf milder Hitze 5 Minuten kochen lassen. Kräuter waschen, hacken und in die Suppe geben. Das Schmalz unterrühren und mit Salz und Pfeffer abschmecken.

Das Schwarzbrot würfeln und 5 Minuten mitziehen lassen. Die Eier in eine Tasse schlagen, mit zwei Esslöffeln der heißen Suppe verquirlen und zum Schluss in die heiße Suppe rühren.

Für 4 Personen

2	große Zwiebeln
40 g	Butter
1 l	Fleischbrühe
1 Bund	gemischte Kräuter
1 TL	Schweineschmalz
	Salz, Pfeffer aus der Mühle
4	Scheiben Schwarzbrot oder Graubrot
2	Eier

 Im Norden, im Rheinland und in Hessen bezeichnet Schwarzbrot dunkles Vollkornbrot aus Roggenschrot wie etwa Pumpernickel. Was hier Graubrot genannt wird, nämlich ein Mischbrot aus Weizen und Roggen, gilt in Süddeutschland schon als Schwarzbrot. Für die Suppe verwendet wurde übrig gebliebenes und schon etwas hartes Bauernbrot. Da in den bäuerlichen Haushalten früher höchstens ein- bis zweimal im Monat Brot auf Vorrat gebacken wurde, blieben zuletzt einige harte Stücke übrig, die nicht weggeworfen, sondern weiterverarbeitet wurden.

Grießsuppe

Die Brennte Grießsupp ist eine sogenannte Einbrennsuppe. Hierfür wird der Grieß nicht in kochende Flüssigkeit eingerührt, sondern zuvor in Fett geröstet, also eingebrannt.

Die Butter in einem Topf erhitzen, den Grieß darin unter häufigem Rühren in etwa 10 Minuten gelb rösten.
Das Gemüse putzen und sehr klein schneiden, zugeben und mitdünsten, bis der Grieß eine dunkelgelbe Farbe hat. Jetzt die Brühe zugießen.
Die Suppe auf kleiner Flamme und mit geschlossenem Deckel knapp 60 Minuten köcheln lassen. Danach eventuell mit Salz und Pfeffer nachwürzen. Vor dem Servieren mit Muskatnuss abschmecken.

Bis zum 19. Jahrhundert gab es zum Frühstück entweder Brei oder Suppe – und so eine Mahlzeit sollte möglichst lange vorhalten. Ganz typisch für die Bauernküche sind Einbrennsuppen. Eine einfache Einbrenne entsteht auch, indem man Mehl in Fett hellgelb bis hellbraun röstet. Mit solch einer Mehlschwitze konnte man Suppen, Soßen und Gemüse binden und gehaltvoller machen.

Für 4 Personen

60 g	Butter
70 g	Grieß
1	Karotte
¼	Sellerieknolle
1	kleine Stange Lauch
1,5 l	Gemüsebrühe
	Salz, Pfeffer aus der Mühle
1	Prise Muskat

Buchweizenklöße

Die in Norddeutschland beliebten Buchweizenklöße werden mit brauner Butter übergossen und zu frischem Salat und gebratenem Speck gegessen. Für Bookweetenschubber, knusprige Pfannkuchen, ist Buchweizenmehl ebenfalls die Hauptzutat.

Für 4 Personen

1 kg	Kartoffeln
100 g	durchwachsener Räucherspeck
200 g	Buchweizenmehl
3	Eier
6 EL	Milch
2 TL	Salz
	geriebene Muskatnuss
150 g	Butter

Kartoffeln mit Schale kochen, abgießen, abschrecken und pellen, dann auskühlen lassen. Durch die Kartoffelpresse drücken. Speck fein würfeln (bis auf vier Scheiben), dann mit der Kartoffelmasse, Buchweizenmehl, Eier, Milch, Salz und Muskatnuss zu einem glatten Teig rühren.

Reichlich Salzwasser in einem weiten Topf zum Kochen bringen. Aus dem Teig mit zwei Eßlöffel Klöße abstechen und in das siedende Salzwasser geben, die Klöße im offenen Topf 10 Minuten ziehen lassen. Dann mit der Schaumkelle herausheben und auf Tellern anrichten. Speck in einer trockenen Pfanne auslassen, herausnehmen und in der Pfanne die Butter bräunen. Buchweizenklöße mit brauner Butter übergießen und mit gebratenem Speck servieren.

Ein Butterfass gehörte zu den unentbehrlichen Gerätschaften auf dem Bauernhof, bevor die Zentrifuge erfunden wurde und Molkereien die Butterproduktion übernahmen. Dafür wurde die Milch einige Tage stehen gelassen und dann der Rahm abgeschöpft. Zum Buttern muss der Rahm gestampft werden – dafür steckte im Butterfass ein Stößer, der auf und ab bewegt wurde. Es gab aber auch Butterschleudern mit Handkurbel, die eine Welle im Innern des Holzgefäßes in Bewegung setzte.

Krautstrudel

Sauerkraut und Nudelteig passen bestens zusammen und gelingen als Auflauf besonders gut. Mit Speck wird der Krautstrudel, auch Krautkrapfen genannt, schön würzig. Er schmeckt am besten heiß aus dem Ofen mit einem Salat dazu.

Für 4 Personen

300 g	Mehl
2	Eier
	Salz
2–3 EL	Wasser
750 g	gedünstetes Sauerkraut
150 g	durchwachsener Speck
50 g	Butter
250 ml	Fleischbrühe

Das Mehl sieben und mit den Eiern, Salz und Wasser zu einem festen Teig kneten.
Den Teig in drei dünne Platten auswalzen und mit dem kalten Sauerkraut belegen. Den Speck würfeln und darüberstreuen. Dann die Scheiben längs zu einem Strudel aufrollen und in fünf Zentimeter dicke Scheiben schneiden.
Die Butter in einem Bräter auslassen und die Krautkrapfen hochkant hineinsetzen. Mit der Brühe aufgießen und im vorgeheizten Backofen etwa 30 Minuten bei 180 °C garen.

Fertig vorbereitete und gut verschlossene Speisen wurden in den Ofen gestellt und damit zugleich in die Glut. Solch eine »Feuerstelle« hatte mit einem modernen Herd noch wenig zu tun. Während der Garzeit konnte man nicht mehr eingreifen, ohne das Ganze zu gefährden. Erst in späteren Zeiten brachte man ein blechernes »Rohr« als Backvorrichtung im Ofen an. Geheizt wurde mit Hartholz, das die Glut lange hielt.

Dörrbohnensuppe

Für 2–4 Personen	
100 g	Dörrbohnen
2	Zwiebeln
2	Knoblauchzehen
1 EL	Butterschmalz
400 g	durchwachsener Speck
1 Stängel	Bohnenkraut
1 l	Gemüsebrühe
600 g	Kartoffeln
	Salz, Pfeffer aus der Mühle

Als es noch keine Tiefkühlschränke gab, hat man die Gartenbohnen auf einen Bindfaden aufgefädelt und im Dachboden getrocknet. Im Winter waren sie eine gesunde Abwechslung, denn Bohnen sättigen nicht nur sehr gut, sie enthalten je nach Sorte mehr Eiweiß als jedes andere Gemüse und etwa genauso viel wie Hühnchen.

Dörrbohnen 4 Stunden in Wasser einweichen.
Zwiebeln und Knoblauch schälen, grob würfeln und in einem Topf in wenig heißem Fett anschwitzen. Speck in Stücke schneiden und dazugeben. Von den Bohnen drei Viertel des Einweichwassers abgießen und sie mit der restlichen Flüssigkeit dazugeben. Die Bohnen zum Kochen bringen und mit der Brühe auffüllen. Kartoffeln schälen und achteln, zu den Bohnen geben und 20 Minuten bei kleiner Flamme köcheln lassen. Mit Salz und Pfeffer abschmecken.

In armen Regionen und bei Kleinbauern, am Waschtag – in den »guten« alten Zeiten ausgesprochen schwere Arbeit – oder wo die Bäuerin auf dem Feld mitarbeiten musste, gab es eigentlich fast immer Suppe. Nur hin und wieder war das eine Fleisch- oder Knochensuppe – viel häufiger waren Linsen-, Bohnen-, Brot-, Kraut- oder Pilzsuppen, Wasser-, Milch- und Teigsuppen. Wo man zum Essen zusammenkam, wurde sie meist in einer großen Schüssel aufgetragen und gemeinsam daraus gelöffelt. In Gegenden mit vielen Knechten und Mägden dagegen gab es eine »Speiserangordnung«. Blieben die Männer auf dem Feld, brachte die Bauersfrau ihnen das Essen hinterher. Oft arbeitete sie dann mit bis zur Nachmittagsjause.

Milchsaure Rote Bete

Würzig eingelegte Rote Bete oder Rote Rüben, wie sie auch in Süddeutschland heißen, passen gut als Beilage zu einem Wildgericht oder zu Feldsalat.

Für 4 Gläser	
1 kg	Rote Bete
	Salz
2	Zwiebeln
1 EL	Kümmelkörner
1 EL	Korianderkörner

Deckel und Gläser 2 Minuten in kochend heißes Wasser legen. Die Roten Beten schälen, vierteln und mit dem Hobel in feine Scheiben schneiden.
Drei gehäufte Teelöffel Salz in 750 Milliliter Wasser auflösen. Das Salzwasser einmal aufkochen, dann abkühlen lassen. Die Zwiebeln schälen und in feine Ringe schneiden.
Rote Bete und Zwiebeln mit den Gewürzkörnern in die Gläser schichten. Das Salzwasser angießen. Die Gläser sollen nur bis etwa zwei Zentimeter unter dem Rand gefüllt sein. Die Gläser verschließen und 1 Woche bei Zimmertemperatur stehen lassen. Dann an einen kühlen Ort stellen und noch 5 Wochen ruhen lassen.

Richtig gelagert, übersteht Wurzelgemüse die Wintermonate – am besten in einem kühlen Kellerraum oder aber im Boden eingegraben. Für eine solche Erdmiete eignet sich ein großes Holzfass, das komplett in die Erde eingelassen wird und eine dicke Sandschicht enthält. Oben wird es mit einem Brett, Laub und Stroh abgedeckt. Zum Luftaustausch werden seitlich Strohwische angebracht.

Käsespätzle

Spätzle kommen in Baden-Württemberg vor allem als Beilage zu soßenreichen Braten oder zum traditionellen Linsengemüse mit Saitenwurst auf den Tisch. Bei den Allgäuer Schwaben werden Spätzle mit geschmolzenem Käse und gebräunten Zwiebelringen auch zum üppigen Sattmacher.

Mehl mit den Eiern, Salz und etwas Wasser zu einem geschmeidigen Teig verrühren und mit einem Kochlöffel so lange schlagen, bis sich kleine Luftblasen bilden. Den Teig portionsweise mit einer Spätzlepresse in kochendes Salzwasser drücken, die Spätzle, sobald sie nach oben gestiegen sind, mit einer Schaumkelle herausnehmen und anschließend die Spätzle auf einem Brett auskühlen lassen.
Den Käse fein reiben, unter die Spätzle heben und zusammen in einer Auflaufform im Backofen bei 180 °C 20 Minuten überbacken. Die Zwiebeln schälen, in feine Ringe schneiden und in einer Pfanne in Butter goldbraun braten. Die Käsespätzle mit den braunen Zwiebelringen und dem in feine Ringe geschnittenen Schnittlauch anrichten.

Für 3–4 Personen	
500 g	Mehl
3	Eier
	Salz
150 g	Allgäuer Emmentaler
2	Zwiebeln
50 g	Butter
1 Bund	Schnittlauch

Dass aus Mehl und Eiern, miteinander verknetet und in Salzwasser gekocht, köstliche Teigwaren werden, ist keine italienische Erfindung, sondern vor allem in Schwaben seit vielen hundert Jahren bekannt. Traditionell wird der Spätzleteig vom Holzbrett geschabt – ein »Schwobemädle« konnte erst heiraten, wenn ihr das gelang. Wem dafür die Übung fehlt, der drückt den Teig portionsweise durch eine Spätzlepresse ins Wasser.

❦ ❦

Wächst das Gras im Januar, ist's im Sommer in Gefahr.

❦ ❦

❦ ❦

Friert im November früh das Wasser, dann wird der Jänner umso nasser

❦ ❦

Wind in Sankt Silvesters Nacht hat nie Wein und Korn gebracht.

Grünkohl mit Pinkel

Wirsing, Rotkohl, Weißkohl und Grünkohl haben im Winter wenig Konkurrenz unter den einheimischen Gemüsen. Jede Region hat ihre eigenen Favoriten unter den Kohlgerichten – im Norden fällt das Votum eindeutig zugunsten des Grünkohls aus. Die Pinkelwurst wird oft geräuchert, schmeckt aber ungeräuchert ebenso fein.

Für 4 Personen

Pinkel:

200 g	Hafergrütze
400 ml	Gemüsebrühe
100 g	Schweineflomen
2	Zwiebeln
1	Knoblauchzehe
1 Bund	Petersilie
1 EL	Butter
	Salz, Pfeffer
½ TL	gemahlener Koriander
6–8	Wurstdärme (Metzger)

Kohl:

1,5 kg	Grünkohl
1 l	Gemüsebrühe
2	kleine Zwiebeln
50 g	Butter
	Muskatnuss
1 EL	Mehl

Für die Pinkel die Hafergrütze grob schroten, mit der erwärmten Gemüsebrühe übergießen und 20 Minuten quellen lassen. Den Schweineflomen durch die feine Scheibe des Fleischwolfs drehen. Zwiebeln und Knoblauch schälen und sehr fein würfeln.
Die Petersilie waschen und klein hacken. Die Butter erhitzen und darin Zwiebeln, Knoblauch und Petersilie anschwitzen. Das Getreide mit der Flüssigkeit zugeben, mit Salz, Pfeffer und Koriander würzen und bei schwacher Hitze 35–45 Minuten garen. Die Hafergrütze sollte weich sein.
Das Getreide lauwarm abkühlen lassen, den Schweineflomen untermischen und nochmals abschmecken. Die Masse nicht zu prall in die Wurstdärme füllen und in siedendem Salzwasser (80 °C) 30–40 Minuten ziehen lassen.
Den Grünkohl waschen, die harten Stiele entfernen, die Kohlblätter grob hacken und in der Gemüsebrühe bissfest garen. Die Zwiebeln schälen, würfeln und mit Butter anschwitzen. Mit Mehl bestauben und mit etwas Kochsud ablöschen und reduzieren, bis eine sämige Soße entsteht.
Den Grünkohl zugeben, mit einer aufgeschnittenen Pinkelwurst würzen und gegebenenfalls mit Salz, Pfeffer und einer Prise Muskat abschmecken. Die übrigen Pinkelwürste im Grünkohl erhitzen und mit Salzkartoffeln servieren.

Würste aus purem Fleisch kamen erst im 19. Jahrhundert auf, denn um jedes Stück Fleisch hätte es der sparsamen Bauersfrau leidgetan – sie musste lange Monate damit auskommen. Am Schlachttag wurden vornehmlich Blut, Kopf, Fleischreste und Schwarten, Innereien wie Herz, Lunge und Milz zu Würsten verarbeitet. Grützwurst enthält auch einen großen Anteil Getreidegrütze – neben Pinkel etwa der niedersächsische Knipp und der westfälische Wurstebrei, auch Hackgrütze oder Stippgrütze genannt.

Krautbraten

Ein bewährtes Familienrezept, bei dem Groß und Klein kräftig zulangen, ist der fränkische »Krautsbrotn«. Der deftige Hackbraten kommt im Bräter, in dem er zubereitet wird, auch auf den Tisch – untergelegt wird nur ein Holzbrett oder feuerfester Untersetzer.

Für 4 Personen

500 g	Weißkohl
500 g	Hackfleisch
250 g	Schweinefleisch
4	Kochwürste
3	Zwiebeln
2 EL	Schweineschmalz
2	altbackene Brötchen
100 ml	Milch
2 EL	Kümmel
1 Zweig	Majoran
1 Zweig	Rosmarin
	Salz, Pfeffer aus der Mühle
8	Scheiben geräucherter Speck

Vom Kohlkopf die äußeren Blätter entfernen. Das Kraut waschen, vierteln, in Salzwasser dämpfen und anschließend fein wiegen oder hacken. Zwiebeln schälen und in feine Würfel schneiden, das Schweinefleisch ebenfalls würfeln. Das Brötchen in Milch einweichen.
Die Zwiebeln mit dem Schweinefleisch in Schmalz anbraten. Das Hackfleisch in eine Schüssel geben. Das Schweinefleisch, die aus der Haut gedrückten Kochwürste, das gehackte Kraut, die eingeweichten Brötchen und die übrigen Gewürze daruntermischen und kräftig mit Majoran, Rosmarin und Pfeffer abschmecken. Den Fleischteig in einen mit Schmalz eingefetteten länglichen Bräter geben, mit den Speckscheiben abdecken und bei 180 °C 45 Minuten braten. Mit Salzkartoffeln und Preiselbeeren servieren.

 Den Fleischteig für Fleischküchle, Hackbraten oder Krautwickel stellte man aus Hackfleisch und altbackenem Brot her. Dafür wurden gegarte oder rohe Fleischreste durch den Fleischwolf gedreht. Bevor es Küchenmaschinen gab, wurde das in jedem Bauernhaushalt vertretene Gerät mit einer Handkurbel bedient. Dank unterschiedlicher Lochscheiben-Vorsätze konnten damit auch Wurst hergestellt, Gemüse zerkleinert oder Kartoffeln gepresst werden.

Rinderschulter mit Apfelmeerrettichsoße

Für Suppenfleisch eignen sich besonders solche Teile vom Kalb oder Rind, die langfaseriges Fleisch und einen hohen Anteil an Bindegewebe, Fett und Sehnen aufweisen. Stücke wie die Hesse, die heutzutage beim Metzger extra bestellt werden müssen, können gut verwendet werden, aber auch Brust und Schulter.

Sellerie schälen und in Scheiben schneiden. Lauch in breite Ringe, die Karotten in dicke und die Petersilienwurzel in dünne Scheiben schneiden. Kartoffeln und Zwiebel schälen und in grobe Würfel schneiden.

Fleisch und Sellerie mit Grün in 750 Milliliter kochendes Salzwasser geben, zugedeckt 90 Minuten bei schwacher Hitze kochen. Fleisch herausnehmen, Selleriegrün entfernen und die Scheiben der Sellerieknolle durch ein Sieb in die Brühe passieren. Das klein geschnittene Gemüse, Lorbeerblätter und Nelken in die Brühe geben, Fleisch (falls es noch nicht weich genug ist) noch einmal dazu und alles 20 Minuten garen. Fleisch und Gemüse herausheben. Den Apfel schälen, entkernen und in Achtel schneiden. In der Brühe 5 Minuten weich dünsten und mit einem Stabmixer pürieren. Saure Sahne und Meerrettich dazugeben, noch einmal schaumig aufmixen, mit Zucker und Zitronensaft abschmecken. Jetzt das Fleisch mit dem Gemüse in die sämige Soße geben, kurz erhitzen und in tiefen Tellern servieren.

Für 4 Personen

Rindfleisch:

750 g	Rinderschulter
	Salz
1	kleine Knolle Sellerie mit Grün
2	Stangen Lauch
4	Karotten
1	Petersilienwurzel
400 g	festkochende Kartoffeln
2	Lorbeerblätter
1	Zwiebel
2	Nelken

Apfelmeerrettichsoße:

1	großer säuerlicher Apfel (etwa Boskop)
2 EL	saure Sahne
5 EL	frisch geriebener Meerrettich
	Zucker
2 TL	Zitronensaft

🥣 Weil langsam in der Brühe gegartes Rindfleisch anderthalb bis zwei Stunden fast unbeaufsichtigt vor sich hin köcheln konnte, gehört es in allen Regionen als Suppen-, Teller- oder Siedefleisch zu den Klassikern der Bauernküche. Es muss in kochendes, gesalzenes Wasser gegeben werden, damit das Fleisch aromatisch bleibt. Weniger hochwertige Fleischstücke wie Querrippe oder Bauchlappen wurden in kaltem, ungesalzenem Wasser aufgesetzt. Dabei entsteht eine kräftige, aromatische Brühe, das Fleisch verliert dagegen weitgehend seinen Geschmack.

Schweinebraten

Zu einem richtigen bayrischen Schweinsbraten gehört eine krachend-knusprige Kruste, für die man das Fleisch kräftig anbraten und immer wieder begießen muss. Pro Kilo Fleisch rechnet man beim Schwein mit 60–70 Minuten Bratzeit. Zum traditionellen Sonntagsbraten serviert man in Süddeutschland Kraut und Knödel.

Für 4–6 Portionen

1 kg	Schweinefleisch mit Schwarte (Schulter)
	Salz
1 TL	Kümmel
1 Bund	Suppengrün
1	Zwiebel
1	Lorbeerblatt
4	Pfefferkörner
1	Knoblauchzehe
	Pfeffer aus der Mühle

Das Fleisch mit Salz einreiben und bei 225 °C mit der Schwarte nach unten in den Bräter legen. Mit 250 Milliliter heißem Wasser begießen und 30 Minuten kräftig schmoren.
Den Braten herausnehmen, die Schwarte mit einem scharfen Messer kreuzweise einritzen und mit Kümmel einreiben. Zurück in die Saftpfanne legen, diesmal mit der Schwarte nach oben, und weiterschmoren. Das Fleisch häufig mit dem Bratensaft begießen. Das Suppengrün putzen, die Zwiebel schälen und klein schneiden. Nach 45 Minuten Garzeit zusammen mit dem Lorbeerblatt, den Pfefferkörnern und dem zerdrückten Knoblauch zum Fleisch geben. Kurz vor Ende der Garzeit die Schwarte mit Salzwasser bestreichen und Grillen mit Oberhitze einstellen.
Das Fleisch herausnehmen und warm stellen. Vor dem Aufschneiden mindestens 10 Minuten ruhen lassen, damit der Saft nicht herausläuft. Den Bratenfond mit Salz und Pfeffer abschmecken.

 Am besten schmoren Schwein, Rind oder Federvieh in Gusseisen: Das traditionelle Material für ofenfeste Bräter verteilt die Hitze gleichmäßig und verträgt hohe Temperaturen. Töpfe aus Gusseisen sind äußerst robust – bei richtiger Pflege hält ein Bräter ein Leben lang.

Rehrücken

Das feinste Stück vom Reh, der Rücken oder Ziemer, wird als Braten aus dem Ofen zu einem edlen Festtagsessen. Wacholder, Lorbeer, Speck und Rotwein geben dem Wild Würze, Zwiebel, Sellerie und Karotten werden gleich mitgegart. Dazu passen Schupfnudeln und gedünstete Birne mit Preiselbeeren.

Den Rücken mit dem gestoßenen Pfeffer und Wacholder einreiben, mit dem Speck spicken. Den Ofen auf 200 °C vorheizen. In einem großen Bräter die Butter zerlassen, den Rehrücken in die Mitte legen und rundherum anbraten. Zwiebeln, Sellerie und Karotten schälen und in grobe Stücke schneiden. Mit dem Lorbeer und der Petersilie um das Bratgut legen. 30 Minuten im Backofen braten, dann Tomatenmark, Rotwein und die Gemüsebrühe zugeben. Hitze auf 180 °C reduzieren. Den Braten weitere 30 Minuten garen und immer wieder mit Soße übergießen. Rehrücken abschließend 5 Minuten im ausgeschalteten offenen Ofen ruhen lassen. Die Soße abschmecken. Das Fleisch vom Knochen trennen und mit dem Gemüse und der Soße auf vorgewärmten Tellern anrichten.

Für 4 Personen

1 kg	Rehrücken, gehäutet
¼ TL	Pfeffer aus der Mühle
8	Wacholderbeeren
50 g	Speck am Stück
2 EL	Butter
1	große Zwiebel, in Spalten geschnitten
150 g	Sellerie
3	Karotten
1	Lorbeerblatt
2 Zweige	Petersilie
1 TL	Tomatenmark
500 ml	Gemüsebrühe
100 ml	Rotwein
	Salz, Pfeffer aus der Mühle

In früheren Zeiten beanspruchten die Adligen das Jagdrecht in Wald und Flur. Dort, wo auch die Bauern jagen durften, behielten sich die Herren die großen Tiere wie Hirsch und Wildschwein vor. Aus dieser Zeit stammt die bis heute gebräuchliche Unterscheidung von Hoch- und Niederwild. Zu Letzterem gehören neben dem Rehwild auch Rebhuhn, Feldhase, Fasan, Wildtauben, Wachteln, Schnepfen …

Fasan mit Weintrauben

In der Pfalz sind Wein und Essen eng verbunden. In diesem Pfälzer Rezept vereinen sich herzhaftes Wildgeflügel, Wein und süße Trauben zu einem delikaten Schmorgericht.

Die Fasanenteile kurz unter fließendem Wasser waschen, dann mit Küchenpapier trocken tupfen. Salzen und pfeffern. Den Speck in einem Bräter etwas anschwitzen und herausnehmen. Das Öl zugeben, dann den Fasan von allen Seiten anbräunen. Weintrauben hinein geben und 5 Minuten mitbraten. Mit Wein und Gemüsebrühe ablöschen und die Kräuter beifügen.
Den Bräter auf der mittleren Schiene 30–40 Minuten in den auf 180 °C vorgeheizten Backofen schieben. Ab und zu die Fasanenteile mit dem Bratenfond übergießen. Während der letzten 15 Minuten den Speck auf das Fleisch legen und knusprig werden lassen.
Den Bratenfond durch ein Sieb in einen kleinen Topf geben, das Mehl in etwas Sahne anrühren, unter kräftigem Schlagen in die Soße geben, mit der restlichen Sahne aufgießen und abschmecken.

Für 4 Personen

1	großer Fasan, in vier Teile zerlegt
	Salz, Pfeffer aus der Mühle
50 g	geräucherter Speck, in Scheiben
1 EL	Sonnenblumenöl
200 g	rote oder weiße Weintrauben
125 ml	Rot- oder Weißwein
500 ml	Gemüsebrühe
1 Zweig	Thymian
1 Zweig	Rosmarin
1 EL	Mehl
100 ml	Sahne

Wild war »Herrenspeise«, doch Wildgeflügel durften die Bauern erlegen. Aber auch Rebhuhn, Wildente, Taube oder Fasan standen nicht alle Tage auf dem Speisezettel. Das hing nicht nur von der Jahreszeit – Saison ist von Oktober bis Januar – sondern auch vom Jagdglück ab. Heutzutage kommen auch gezüchtete Exemplare aus dem Freilandgehege in den Handel. Dennoch muss Wildgeflügel meist vorbestellt werden.

Gefülltes Brathuhn

Für 4 Personen	
1	großes Brathuhn
	Salz, weißer Pfeffer aus der Mühle
2	Brötchen
1	Tasse Milch
2	Eier
2 EL	gehackte Petersilie
	Muskatnuss
½	unbehandelte Zitrone, Abrieb
3 EL	Butter
125 ml	Geflügelbrühe

Einen Hühnerstall gibt es auf jedem Bauernhof und Rezepte für Brathühner in jeder Bauersfamilie. Die Füllung unterscheidet sich von Ort zu Ort, selbst von Familie zu Familie. Für diese leichte Variante benötigt man nur etwas Petersilie aus dem Garten, altbackene Brötchen, Eier und Milch.

Huhn bratfertig herrichten und dabei nach dem Waschen gründlich außen und innen trocknen. Innen und außen salzen und pfeffern. Brötchen in Scheiben schneiden und in Milch einlegen. Anschließend gut ausdrücken und mit den Eiern, Petersilie, Muskatnuss und der Zitronenschale zu einer glatten Füllung verkneten. Einen Esslöffel Butter schaumig rühren und mit der Füllung vermischen. Huhn füllen und zustecken.
In einem Bräter die restliche Butter erhitzen und das Huhn von allen Seiten anbraten. Geflügelbrühe angießen und im Backofen eine Stunde bei 180 °C garen, dabei des Öfteren wenden.

Ein eigener Hühnerstall hieß keineswegs, dass wöchentlich ein Brathuhn aufgetischt wurde – es galt eher der Leitsatz »Wann isst der Bauer ein Huhn? Wenn er oder die Tiere krank sind.« Nur zu bestimmten Terminen war ein Hendl Pflicht: In Weinregionen gab es nach der Weinlese traditionell einen Lesehahn oder eine Pressgans. Ansonsten kamen Hennen oft erst auf den Tisch, wenn sie nicht mehr legten. Ihr zähes Fleisch war dann nur nach stundenlangem Kochen als Suppenhuhn zu genießen.

Kaninchen mit Dörrpflaumen

Für 4 Personen

12	Dörrpflaumen
650 ml	Weißwein
1	Kaninchen
100 g	magerer Speck, gewürfelt
2 EL	Butter
3	kleine Zwiebeln
1	Karotte
1 Stange	Lauch
¼ Knolle	Sellerie
2 EL	Mehl
	Salz, Pfeffer aus der Mühle
1	Lebkuchen
½ Bund	Petersilie, gehackt

Wie beim Mecklenburger Kaninchentopf mit Dörrpflaumen ist im gesamten Norden die Kombination von Fruchtigem mit herzhaft Gewürztem sehr beliebt. Pflaumen, Äpfel und Birnen finden dabei bevorzugt als Trockenfrüchte Verwendung.

Dörrpflaumen 2 Stunden in 500 Milliliter Weißwein einlegen. Das Kaninchen waschen, trocken tupfen und in Portionsstücke zerlegen. Zwiebel, Karotte, Lauch und Sellerie schälen oder putzen. Zwiebel in Ringe und das restliche Gemüse in Stifte schneiden.

Das Kaninchen von allen Seiten salzen und pfeffern, mit dem Speck in einem heißen Bräter mit der Hälfte der Butter rundherum anbraten, herausnehmen und zugedeckt warm stellen.

Im Bratfett Zwiebel und Gemüse anrösten. Dörrpflaumen und Kaninchenteile zugeben, mit der Marinade ablöschen. Das Ganze zugedeckt 10 Minuten schmoren.

In der Zwischenzeit den Rest der Butter in einem Topf zerlassen, Mehl darüberstauben und mit den restlichen 150 Milliliter Weißwein zu einer Soße aufschlagen, mit Salz und Pfeffer abschmecken. Die Soße über das Kaninchen geben und alles 30 Minuten zugedeckt im Backofen bei 160 °C garen. Den Lebkuchen fein reiben und 10 Minuten vor Ende der Garzeit in die Soße rühren.

Mit gehackter Petersilie bestreuen und mit Klößen servieren.

Arme Ritter

Die Armen Ritter aus Roggenbrot – in manchen Regionen auch als Kartäuserklöße bezeichnet – werden mit Zimt und Zucker bestreut und so heiß wie möglich gegessen. Dazu passt ein Stachelbeerkompott. In Sachsen werden sie als Doppeldecker aus Weißbrot mit Pflaumenmusfüllung zu »reichen« Rittern.

Die großen Brotscheiben halbieren, die kleinen ganz verwenden und auf eine große, flache Platte legen. In einer Schüssel Eier, Zucker, Salz und Milch verquirlen und über die Brote gießen. Die Brote aufquellen lassen – sie dürfen nicht zerfallen. Dann erst in dem verrührten Eigelb und schließlich in den Semmelbröseln wenden.
Butter in einer Pfanne heiß werden lassen. Die panierten Brotscheiben darin auf beiden Seiten knusprig backen. Anschließend das Fett etwas abtropfen lassen.

Ein Stück hartes Brot wegzuwerfen, wäre früher keinem in den Sinn gekommen. Altbackenes Brot wurde in Milch eingeweicht und dann weiterverarbeitet. Fast jede Region kennt ein Rezept für in der Pfanne gebratene Arme Ritter oder für im Tuch gegarte Serviettenknödel. Zu den Klassikern unter den süßen Aufläufen gehören der schwäbische Ofenschlupfer und der bayrische Scheiterhaufen, die aus Brötchen zubereitet werden.

Für 4 Personen

4	große Scheiben altbackenes Roggenbrot (bei kleinen Broten 10 Scheiben)
2	Eier
1–2 EL	Zucker
	etwas Salz
125 ml	Milch
2	Eigelb
5 EL	Semmelbrösel
	Butter zum Braten
	Zimt
	Zucker

Brotpudding

Für eine Puddingform
mit 18 cm Durchmesser

125 g	Schwarzbrotbrösel
125 ml	Weißwein
125 g	Butter
3	Eigelb
125 g	Puderzucker
50 g	Rosinen
50 g	Dörrpflaumen
50 g	getrocknete Aprikosen
1	Nelke
2 TL	Zimt
3	Eiweiß

Gelungener Kontrast: aus dem herzhaften Schwarzbrot wird mit Rosinen, Dörrpflaumen und getrockneten Aprikosen ein süßer Nachtisch, der dank Zimt und Nelken gut in die Adventszeit passt. Der Pudding schmeckt pur, mit eingeweichtem Dörrobst oder mit Hagebuttensoße.

Den Backofen mit Wasserbad auf 180 °C vorheizen. Die Schwarzbrotbrösel im Wein einweichen.
Butter in einer Schüssel schaumig rühren, nach und nach die Eigelbe dazugeben, den Puderzucker darüberstauben und verrühren. In die schaumige Masse die Rosinen geben.
Das Dörrobst in kleine Würfel schneiden, Nelke im Mörser zerreiben und alles zusammen mit dem Zimt in die Eimasse geben.
Die Eiweiße zu Schnee schlagen. Eingeweichte Brotwürfel mit der Butter-Dörrobst-Masse vermengen und das steif geschlagene Eiweiß unterziehen. Die Puddingmasse in die gefettete Form geben, verschließen und im Wasserbad im Backofen 1 Stunde bei 180 °C backen. Nach dem Garen etwas abkühlen lassen und erst dann aus der Form stürzen.

In Westfalen wird der leichte und herbe Pudding aus Schwarzbrot und Pumpernickel zubereitet und mit Vanillesoße und Pflaumenkompott serviert, in Mecklenburg gibt man auch schon mal Schokolade und Kirschen in den Brotpudding, in Schwaben und Baden bevorzugt man Most- oder Weinschaumcreme dazu. Eine Puddingform gab es früher in jedem Haushalt, und vor allem Süßspeisen wurden im Wasserbad gegart.

Anisplätzchen

125 g	Zucker
2	Eier
1 EL	Anissamen
125 g	Mehl

Weihnachten ist Plätzchenzeit: Die würzigen Anislaiberl sind ein Blitzgebäck, das auch noch mitten in der Adventszeit zubereitet werden kann und den Keksteller schnell wieder auffüllt.

Den Backofen auf 160 °C vorheizen. In einer Schüssel den Zucker mit den ganzen Eiern 15 Minuten lang schaumig schlagen, bis er ganz weiß und cremig ist. Anis zugeben, Mehl hineinsieben und die Masse nochmals aufschlagen.
Ein Backblech mit einem Backpapier auslegen, mithilfe von zwei Esslöffeln kleine Teighäufchen auf das Blech setzen. Auf der mittleren Schiene im Backofen 8–10 Minuten backen, bis sie Farbe annehmen.

Nach den Messfeiern verteilte die Kirche gesegnetes Brot an ihre Gläubigen, um an die Geburt Jesu zu erinnern. Im Laufe der Zeit veredelten Mönche und Nonnen das Brot mit verschiedenen Gewürzen, woraus sich dann im 19. Jahrhundert die heutige Weihnachtsbäckerei entwickelte.

Birnenbrot

Aus getrockneten Birnen, auch Dörrbirnen oder Kletzen genannt, wird zur Weihnachtszeit traditionell ein Früchtebrot hergestellt. Meist begann man mit dem Backen Ende November um den Andreastag. Früher süßten nur die Trockenfrüchte das Brot, erst später gab man auch Honig oder Zucker zu.

800 g	getrocknete Birnen
200 g	Walnüsse
1	unbehandelte Zitrone, Abrieb
4	gemahlene Nelken
1 EL	Zimt
6 EL	Rum
250 g	Weizenmehl
20 g	Hefe
175 ml	Milch
50 g	Zucker
50 g	Butter
1 Prise	Salz
2	Eigelb
	Milch zum Bestreichen

Die Birnen leicht mit Wasser bedeckt in einem Topf zum Kochen bringen und 10 Minuten garen, dann abseihen. Birnen halbieren, Kerne rausschneiden, und mit den grob gehackten Walnüssen mischen. Zitronenschale abreiben, mit Zimt, Nelken und Rum zu der Frucht-Nuss-Mischung geben.

Mehl in eine Schüssel sieben und in der Mitte eine Mulde hineindrücken. Hefe in 50 Milliliter lauwarmer Milch und Zucker auflösen. Die Hefemilch in die Mehlmulde gießen, etwas verrühren und zugedeckt 10 Minuten gehen lassen. Die Butter zerlassen, mit Salz, den Eigelben und der restlichen lauwarmen Milch in das Mehl rühren. Den Teig gut kneten und 30 Minuten gehen lassen.

Ein Drittel vom Teig abnehmen und dünn ausrollen. Den Rest mit den Kletzen verkneten und auf dem ausgerollten Teig verteilen. Nun das Ganze zusammenschlagen, dass ein Laib entsteht.

Das Brot auf ein bemehltes Backblech legen und noch etwas gehen lassen. Im vorgeheizten Backofen bei 160 °C 2 Stunden backen. Mit etwas Milch bepinseln.

Im Sommer und Herbst wurden Vorräte für die langen Wintermonate angelegt. Birnen, Äpfel, Zwetschgen konnten eingekocht, aber auch auf großen Blechen getrocknet werden. So entstand Trockenobst für Hutzenbrot

und Kletzenbrot – eine beliebte Wegzehrung. Im Winter holte man die Früchte vom Dachboden oder aus der Vorratskammer, weichte sie ein und kochte sie kurz auf.

Mispelgelee

Mispeln waren als Obstbäume früher weit verbreitet, jetzt sind nur vereinzelte Exemplare anzutreffen. Aus den Früchten werden, etwa in Nordrhein-Westfalen Liköre, Streuselkuchen und Konfekt hergestellt.

1 kg	Mispeln
100 g	Zucker
	Gelierzucker (nach Flüssigkeit)
1	Zitrone, Saft

Mispeln vierteln, den Blütenansatz wegschneiden, mit wenig Wasser und etwas Zucker langsam 1–2 Stunden unter ständigem Rühren köcheln, bis alles sehr weich ist. In ein Tuch geben und über Nacht abtropfen lassen.

Den gewonnenen Saft mit Gelierzucker einkochen und mit Zitronensaft abschmecken.

Heiß in sterilisierte Gläser füllen und gut verschließen.

Früher behalf man sich beim Passieren oder Abseihen mit einem umgedrehten Stuhl. Ein sauberes Küchentuch wurde an die Stuhlbeine gebunden und darunter der Saft in einem Gefäß gesammelt.

Magenbrot

Das rautenförmige, glasierte Lebkuchengebäck wird dunkel durch die Zugabe von Kakao. Der Name soll von den »magenfreundlichen« Gewürzen stammen, die dem Teig untergemischt werden.

Das Mehl in eine Schüssel sieben und mit allen restlichen Zutaten einen Teig herstellen.
Den Teig in daumendicke Rollen formen. Die Rollen auf ein mit Mehl bestaubtes Backblech geben und auf der mittleren Schiene 15 Minuten im vorgeheizten Backofen bei 180 °C backen. Aus dem Ofen nehmen und noch warm schräg in zwei Zentimeter dicke Stücke schneiden.
Puderzucker und Zitronensaft zu einem glatten Guss verrühren und das noch warme Gebäck damit dünn bestreichen.

Teig:
250 g	Roggenmehl
250 g	Weizenmehl
1	Ei
8	Nelken, gemahlen im Mörser
2 EL	Zimt
200 g	Zucker
2 EL	Kakao
1	Päckchen Backpulver
125 g	saure Sahne

Guss:
1	Zitrone, Saft
100 g	Puderzucker

Im Jahre 1839 baute der Erzieher und Theologe Johann Hinrich Wichern einen Holzkranz mit kleinen roten und großen, weißen Kerzen – für jeden Tag des Advents eine. Dieser sollte den Kindern in seiner diakonischen Erziehungsanstalt zur Überbrückung der Wartezeit auf Weihnachten dienen. Nach und nach fand dieser Brauch Einzug in protestantischen Haushalten. In den 1920er-Jahren verbreitete sich der jetzt auf vier Sonntagskerzen reduzierte Adventskranz dann deutschlandweit.

Frankfurter Brenten

Kunstwerke können auch aus dem Backofen kommen – Marzipan-Brenten zum Beispiel. Diese traditionelle Frankfurter Spezialität wird in geschnitzten Holzmodeln gebacken.

250 g	Marzipanrohmasse
150 g	Puderzucker
	einige Tropfen Rosenwasser
1	unbehandelte Zitrone, Abrieb

Die Marzipanrohmasse mit dem gesiebten Puderzucker verkneten und mit Rosenwasser und abgeriebener Zitronenschale würzen. Das Marzipan auf einer mit Mehl bestaubten Arbeitsfläche etwa einen Zentimeter dick ausrollen. Die verwendeten Holzmodel (oder Ausstechformen) ebenfalls mit Mehl ausstauben. Die Model dann auf das Marzipan drücken, dann wieder abziehen und die Brenten in Form des Abdrucks ausschneiden.
Über Nacht antrocknen lassen, schließlich im vorgeheizten Backofen bei etwa 150 °C auf mittlerer Schiene in etwa 15 Minuten hellbraun backen.

Weihnachtsgebäck aus Holzmodeln muss nicht aus Marzipan sein – auch Anisplätzchen aus Eierschaumteig, Springerle genannt, weil sie beim Backen aufgehen und förmlich in die Höhe springen, werden in den reich verzierten Formen gebacken.

Honigplätzchen

Der Teig ist unkompliziert herzustellen, und da ihm endloses Ausrollen und Ausstechen nichts ausmacht, eignet er sich ausgezeichnet für Kinder, die mitbacken wollen. Statt das Gebäck in Quadrate zu schneiden, kann man zu Weihnachten auch Figuren wie etwa Sterne oder Tannenbäume ausstechen.

70 g	Honig
3 EL	Apfelkraut
1 TL	gemahlener Zimt
1 TL	gemahlenes Lebkuchengewürz
½ TL	gemahlene Muskatnuss
1½ TL	gemahlener Ingwer
1	unbehandelte Orange, Abrieb
75 g	Butter
½ TL	Natron
2 EL	Orangensaft
220 g	Mehl
	kandierter Ingwer
	Mandeln für die Dekoration

In einem großen Topf Apfelkraut, Orangensaft, Butter und die Gewürze erwärmen. Den Topf vom Feuer nehmen und den Honig, Orangenabrieb, Natron und Orangensaft dazugeben.
Dann so viel durchgesiebtes Mehl unterarbeiten, dass ein fester Teig entsteht. Dann den Teig auf der Arbeitsfläche abkühlen lassen.
Den Teig etwa drei Millimeter stark ausrollen und mit Ausstechförmchen in die gewünschte Form bringen und mit Ingwer oder Mandeln dekorieren. Auf ein gefettetes Blech legen und im vorgeheizten Backofen bei 180 °C 10–12 Minuten backen. Auf einem Kuchengitter abkühlen lassen.

Für eigenen Honig brauchte man kaum mehr als ein paar Bienenvölker und Holzkisten oder Bienenkörbe. Weil die Bienenhaltung so verbreitet war, gibt es zahlreiche aus dem Verhalten der Bienen abgeleiteten Bauernregeln. Dank der eigenen Honiglieferanten konnte auch das Wetter vorhergesagt werden: »Ein Bienenschwarm im Mai ist wert ein Fuder Heu« oder »Wenn die Bienen ihre Stöck´ früh verkitten, kommt ein harter Winter geritten«. Auch die Wachsreste konnten die Bauern verwerten – sie lassen sich gut zu Kerzen verarbeiten. Apfelkraut ist ein Sirup aus dem Rheinland.

Rezeptregister

Apfelmus	92
Anisplätzchen	200
Arme Ritter	197
Bauernbrot	24
Bauernpastete	164
Birnenbrot	202
Bohnensuppe mit Zwetschgenkuchen	72
Brombeerkuchen	98
Brotpudding	198
Brotsuppe	167
Buchweizenklöße	170
Dampfnudeln in Vanillesoße	50
Dicke Bohnen mit Mettwurst	85
Dörrbohnensuppe	174
Dörrpflaumen-Walnussschnitten	155
Ente mit Zwiebeln	135
Erbsensuppe	23
Essiggurken	68
Fasan mit Weintrauben	191
Fischbuletten	147
Fisch-Pichelsteiner	142
Fleischklößchen mit Meerrettichsoße	82
Frankfurter Brenten	208
Gänse-Schwarzsauer	128
Gefüllter Kohl	138
Gefülltes Brathuhn	192
Geräucherte Forelle	20
Graupensuppe mit Tomaten	71
Grießklößchen	90
Grießsuppe	169
Grünkohl mit Pinkel	180
Hasenöhrchen	52
Hasenragout mit Pfifferlingen	148
Hefekrapfen	156
Hefekringel	58
Heidelbeerpfannkuchen	101
Heringssalat mit Roter Bete	78
Holunderblütenessig	97
Holundersuppe	152
Honigplätzchen	210
Hopfensprossen-Omelette	12
Hühnersülze	64
Hühnersuppe mit Wurzelgemüse	76
Johannisbeerkuchen	102
Johannisbeerlikör	106
Johannisbeersaft	106
Kaninchen mit Dörrpflaumen	194
Kartoffelklöße	130
Kartoffeln mit Öltunke und Stummelwurst	37
Kartoffelpuffer	92
Käsespätzle	177
Kastaniensuppe	121
Kirschkuchen	104
Kopfsalat mit Speck und Ei	14
Kornelkirschen in Essig	95
Kraut- und Rübensalat	112
Krautbraten	182
Kräuterquark	26
Krautstrudel	172
Kürbis in Apfelwein	118
Kuttelfleck süßsauer	30
Linsengemüse mit Bratwurst	162
Magenbrot	207
Maibock mit Vogelbeeren	28
Milchsaure Rote Bete	176
Milchsuppe	46
Mispelgelee	204
Mürbeteiglämmchen	49
Ochsenaugen mit Bückling	81
Ochsenschwanzsuppe	124
Ochsenzunge mit Kräutersoße	32
Osterlammbraten	38
Pfefferfleisch	43
Quittenbrot	150
Rehrücken	189
Rinderschulter mit Apfelmeerrettichsoße	184
Rote-Bete-Suppe mit Kerbel	73
Rotkohlgemüse	136
Rupfhauben mit Dörrobstkompott	54

Sauerampfergemüse	19
Sauerkrautsuppe	122
Saure Leber	86
Schupfnudeln mit Kräutern	42
Schwarze Nüsse	66
Schwarzwurzelsalat	114
Schweinebraten	186
Seehecht-Kartoffelauflauf	143
Speckwaffeln	40
Spinatmaultaschen	89
Spundekäs	117
Steckrübeneintopf	127
Tellerfleisch	17
Walderdbeerkonfitüre	57
Waldpilzragout mit Semmelknödeln	132
Weiße Rüben mit Hammelfleisch	34
Zwiebelkuchen	141

Register nach Zutaten

Äpfel	
– Kartoffelpuffer	92
– Quittenbrot	150
Apfelwein	
– Kürbis in Apfelwein	118
Anis	
– Anisplätzchen	200
Bier	
– Gefüllter Kohl	138
Birnen	
– Birnenbrot	150
– Quittenbrot	150
Brot	
– Bauernbrot	24
– Birnenbrot	202
– Brotpudding	198
– Brotsuppe	167
– Waldpilzragout mit Semmelknödeln	132
Bohnen	
– Bohnensuppe mit Zwetschgenkuchen	72
– Dörrbohnensuppe	174
– Dicke Bohnen mit Mettwurst	85
Brombeeren	
– Brombeerkuchen	98
Buchweizenmehl	
– Buchweizenklöße	170
Eier	
– Heidelbeerpfannkuchen	101
– Hopfensprossen-Omelette	12
– Kopfsalat mit Speck und Ei	14
– Ochsenaugen mit Bückling	81
– Sauerampfergemüse	19
Ente	
– Ente mit Zwiebeln	135
Erbsen	
– Erbsensuppe	23
Essig	
– Essiggurken	68
– Holunderblütenessig	97
– Kornelkirschen in Essig	95
Esskastanien	
– Kastaniensuppe	121
Fasan	
– Fasan mit Weintrauben	191
Fisch	
– Fischbuletten	147
– Fisch-Pichelsteiner	142
– Geräucherte Forelle	20
– Heringssalat mit Roter Bete	78
– Ochsenaugen mit Bückling	81
– Seehecht-Kartoffelauflauf	143
Gans	
– Gänse-Schwarzsauer	128
Graupen	
– Graupensuppe mit Tomaten	71
Grieß	
– Grießklößchen	90
– Grießsuppe	169

Gurken
- Essiggurken   68

Hackfleisch
- Fleischklößchen mit Meerrettichsoße   82
- Gefüllter Kohl   138
- Krautbraten   182
- Spinatmaultaschen   89

Hase
- Hasenragout mit Pfifferlingen   148

Hefeteig
- Birnenbrot   202
- Dampfnudeln in Vanillesoße   50
- Hefekrapfen   156
- Hefekringel   58
- Kirschkuchen   104
- Zwetschgenkuchen   72
- Zwiebelkuchen   141

Heidelbeeren
- Heidelbeerpfannkuchen   101

Holunder
- Holunderblütenessig   97
- Holundersuppe   152

Honig
- Honigplätzchen   210

Hopfensprossen
- Hopfensprossen-Omelette   12

Huhn
- Gefülltes Brathuhn   192
- Hühnersülze   64
- Hühnersuppe mit Wurzelgemüse   76

Johannisbeeren
- Johannisbeerkuchen   102
- Johannisbeerlikör   106
- Johannisbeersaft   106

Kaninchen
- Kaninchen mit Dörrpflaumen   194

Karotten
- Kraut- und Rübensalat   112

Kartoffeln
- Buchweizenklöße   170
- Fisch-Pichelsteiner   142
- Kartoffelklöße   130
- Kartoffeln mit Öltunke und Stummelwurst   37
- Kartoffelpuffer   92
- Kräuterquark   26
- Kuttelfleck süßsauer   30
- Sauerampfergemüse   19
- Seehecht-Kartoffelauflauf   143

Kirschen
- Kirschkuchen   104
- Kornelkirschen in Essig   95

Kohl
- Gefüllter Kohl   138
- Grünkohl mit Pinkel   180
- Kraut- und Rübensalat   112
- Krautbraten   182
- Krautstrudel   172
- Rotkohlgemüse   136

Kräuter
- Kräuterquark   26
- Ochsenzunge mit Kräutersoße   32
- Schupfnudeln mit Kräutern   42

Kürbis
- Kürbis in Apfelwein   118

Kutteln
- Kuttelfleck süßsauer   30

Lamm- und Hammelfleisch
- Osterlammbraten   38
- Weiße Rüben mit Hammelfleisch   34

Linsen
- Linsengemüse mit Bratwurst   162

Marzipan
- Frankfurter Brenten   208

Milch
- Dampfnudeln in Vanillesoße   50
- Grießklößchen   90
- Milchsuppe   46

Mispeln
- Mispelgelee   204

Nudeln
- Käsespätzle   177
- Rupfhauben mit Dörrobstkompott   54

– Spinatmaultaschen	89
Pilze	
– Hasenragout mit Pfifferlingen	148
– Waldpilzragout mit Semmelknödeln	132
Quark	
– Kräuterquark	26
– Spundekäs	117
Quitten	
– Quittenbrot	150
Reh	
– Maibock mit Vogelbeeren	28
– Rehrücken	189
Rhabarber	
– Milchsuppe	46
Rind- und Kalbfleisch	
– Ochsenschwanzsuppe	124
– Ochsenzunge mit Kräutersoße	32
– Pfefferfleisch	43
– Rinderschulter mit Apfelmeerrettichsoße	184
– Tellerfleisch	17
– Saure Leber	86
Roggenmehl	
– Bauernbrot	24
– Magenbrot	207
– Speckwaffeln	40
Rote Bete	
– Heringssalat mit Roter Bete	78
– Milchsaure Rote Bete	176
– Rote-Bete-Suppe mit Kerbel	73
Salat	
– Kopfsalat mit Speck und Ei	14
Sauerampfer	
– Sauerampfergemüse	19
Sauerkraut	
– Krautstrudel	172
– Kraut- und Rübensalat	112
– Sauerkrautsuppe	122
Saure Sahne	
– Hasenöhrchen	52
Schwarzwurzeln	
– Schwarzwurzelsalat	114
Schweinefleisch	
– Bauernpastete	164
– Sauerkrautsuppe	122
– Schweinebraten	186
– Steckrüben-Eintopf	127
Speck	
– Buchweizenklöße	170
– Dörrbohnensuppe	174
– Erbsensuppe	23
– Gefüllter Kohl	138
– Kopfsalat mit Speck und Ei	14
– Krautbraten	182
– Krautstrudel	172
– Kuttelfleck süßsauer	30
– Speckwaffeln	40
– Zwiebelkuchen	141
Spinat	
– Spinatmaultaschen	89
Steckrüben	
– Steckrübeneintopf	127
Tomaten	
– Graupensuppe mit Tomaten	71
Vogelbeeren	
– Maibock mit Vogelbeeren	28
Walderdbeeren	
– Walderdbeerkonfitüre	57
Walnüsse	
– Dörrpflaumen-Walnussschnitten	155
– Schwarze Nüsse	66
Weintrauben	
– Fasan mit Weintrauben	191
Weiße Rüben	
– Weiße Rüben mit Hammelfleisch	34
Zwetschgen	
– Bohnensuppe mit Zwetschgenkuchen	72
Zwiebeln	
– Ente mit Zwiebeln	135
– Zwiebelkuchen	141

Das Beste vom Land.

ISBN 978-3-86244-080-1

ISBN 978-3-88472-891-8

ISBN 978-3-86244-146-4

ISBN 978-3-86244-123-5

www.christian-verlag.de